搞砸

病态领导力如何摧毁一个组织

[荷]曼弗雷德·凯茨·德·弗里斯 著
Manfred F. R. Kets de Vries

滕加琪 译

DOWN
THE
RABBIT HOLE
OF LEADERSHIP:

LEADERSHIP PATHOLOGY IN EVERYDAY LIFE

人民东方出版传媒
People's Oriental Publishing & Media

東方出版社
The Oriental Press

我曾无意中听到有人说，心存感激却不表达就像买礼物却不送出一样。我一直记得这句话，所以我想把这本书献给两位在我的大部分职业生涯中非常重要的女性。第一位是希拉·洛克斯汉姆，我长期的私人助理。多年以来，她给了我很大的帮助。我一直非常欣赏她能够用很积极的方式改变困境。从这一点来说，她常常担任"顾问的参事"的角色。第二位我想感激的人是伊丽莎白·弗洛伦特-特里西（我和她也一起工作了很长时间），欧洲工商管理学院的高级讲师。她的求知欲和创造力一直给我带来巨大的支持。

目　录
CONTENTS

第一部分

1　介绍　// 003

如果我们把生命以日来计，我们几乎就能应对一切。

如果我们每个人每天都朝着更好的方向迈出一小步，

我们也许就能最终抵达想去的地方。

I

2 你想被独裁者领导吗？ // 025

很多过去和当代的独裁者都患有程度极高的自恋、精神变态和偏执。他们有着膨胀的自负感，把自己看成特殊的人，觉得自己有权管理他人。

3 "病态领导力" 和他的追随者   // 037

一个受过伤且心理严重失常的人，对于成百上千万美国人却很有魅力。是什么潜在的心理和团队动力在起作用？更深入地去研究这个问题，我们就能发现以下因素，比如衰退、依赖、理想化、相信的意愿、分裂和认同攻击者。

包括自我意识、自我管理、正义感、秉信公正的流程、仁慈和谦卑，以及约伯、丘吉尔、曼德拉般的勇气。

第二部分

13 金钱妄想 // 143

我们将感情生活和物质财产结合在一起的能力，反映
了我们将价值、信仰和欲望融入我们世界的能力。不
言而喻，一个人的富有不在于拥有大量的财产，而在
于拥有极少的欲望。正如释迦牟尼所说："你只会失
去你依附的东西。"

14 从情绪障碍中拯救家族企业 // 151

所有的组织都必须处理权力斗争和冲突问题，但是由
于家族成员之间的情感纠葛，应对这些挑战对家族企
业来说尤其困难。因此，成功管理家族企业不仅需要
精通业务，还需要了解自己。

15　聪明的傻瓜　// 159

通过幽默、坦诚的沟通，傻瓜和当权者参与到一种处理人性基本问题的深刻表演中，比如控制、竞争、被动和行动。当强大的权力、社会、文化结构拉动、推进、塑造我们的身份时，傻瓜为我们提供了一个以幽默又批判的目光去看待自身价值观和做出判断的机会。

16　穷困潦倒的乞讨之地　// 165

给予是一种真正的慷慨和利他行为，还是只是一种让自己感觉良好的自私行为——一种不费力气、避免问心有愧的快速而简单的方式，而这种方式并不能真正解决问题。马丁·路德·金说过："真正的同情不只是投给乞丐硬币，而是要意识到产生乞丐的社会大厦需要重建。"

很不幸，羞耻很难被克服，因为它影响着我们性格的核心部分。当我们能娴熟地逃避和否认时，对付羞耻就更加困难了。变革之旅的第一步是意识到寻求帮助并不羞耻，接下来的一步是公开令人羞耻的事。毕竟从没暴露过的伤口永远不会被治愈。

把令人苦恼的记忆封存起来或把它们推出门外，既不是解决问题的方法，也不能平息事态，因为这些事很容易"苏醒"。当令人苦恼的记忆被推到意识之外，它们就会以其他方式回来纠缠我们。

表达同情时，我们知晓另一个人的情感困苦；我们怜悯他们，但未必体会到他们的感受。有了同情心，我们会为他人着想；有了同理心，我们能感人所感。没有同理心，人类的道德就难以想象。

类动力学中的细微差别。它们只是一种时髦，所代表的过于简化的模型让人无法理解在培训师与客户的互动中真正发生的事。

23　白马王子和白雪公主怎么了?　

选择错误的伴侣也许非常令人兴奋，这一事实刺激了这种不正常的选择过程：我们知道这是错误的选择，但是我们从中得到了神经质的刺激。由于害怕亲密关系，有些错误的选择也可以理解为一种避免承诺的方式。

24　为什么智慧是教不会的　

知道事物与知道如何利用所知道的事物之间有很大的差异。智慧指的不仅仅是能够吸收并运用只是做出正确的（明智的）决定时，它才转化为智慧。有智慧的人有幸拥有良好的判断力以及诚挚且真实的品质。

25　接下来做什么?　// 245

生存和繁衍的生物学程序承担了复杂生命循环的责任,
死亡是其中重要的平衡器。人类生存背后的最初动力
是把基因传给下一代,承担这个进化任务带来了意义。
但是完成这个任务后,关于存在的问题出现了:接下
来做什么?

26　墓志铭问题　// 255

墓志铭问题是一种非常有启发的方法,可以从长远的
角度看待你的生活并放大最重要的事。它促使你思考
自己想要成为怎样的人。通过被迫关注这些重大的问
题,你也许会更清楚地知道什么是你生命中真正重要
的东西。

推荐序　老板桌后

文/肖知兴

2007年的现象级电影《穿普拉达的女魔头》中，著名女演员梅里尔·斯特里普塑造了一个典型的精神病态的（psychopathic）女老板：自信自恋，气场强大；沉着冷静，无所畏惧，享受冲突；为达目的不惜一切手段，善于操纵和利用别人，对于自己的非道德行为没有任何歉疚心理。这个女老板的表现，几乎完全符合牛津大学心理学家凯文·达顿在《异类的天赋》一书中对这种类型的人格障碍（personality disorder）的描述。与一般的精神病态相比，这个女老板因为身在时尚行业，还要加上强迫症和控制狂的一些典型症状。一个职场小白，如何在这样变态的一个女魔头的淫威之下讨生存，人们不由得对安妮·海瑟薇扮演的小实习生捏一把冷汗。

《穿普拉达的女魔头》的最后，小实习生毅然决然地放弃了女老板认为"一人之下，万人之上"的职位。在公司门口，女老板与小实习生有一次意味深长的对望。那一瞬间，女老板在想什么？也许她在想"总有一天，你会像我一样"？8年之后，扮演小实习生的安妮·海瑟薇自己也成了大明星，主演了一部《实习生》，果真变成了一个类似的女老板，成天颐指气使，吹毛求疵，看见别人眼中的刺，看不见自己眼中的梁木。还好，在罗伯特·德尼罗扮演的"老实习生"的帮助下，这一次，女老板找回了自己，实现了内心的平和与家庭的平衡。

　　西方文化整体而言崇尚个性、尊重差异，加上大家平均的职业化程度较高，一般人都懂得"don't take it personally"（不是针对你个人，不要太在意）的道理，所以对职场上的精神病态的行为接受度较高。很多明星级的老板如乔布斯、马斯克，身上都有这种施虐型人格的影子。与之相比，中国文化高度重视人际关系的和谐，强调与人为善的传统，对于这种类型的行为模式的接受度总体应该更低。例如，英文形容人是一个"nice guy"，其实是很弱的表扬（如果不是批评的话）；中国人说"谁谁谁是一个好人"，往往是蕴含了强大道德性和情感性内容的一种很高的褒扬，二者完全不在同一个量级上。

　　领导力发展行业的基础是组织行为学的研究，其有效性的前提是，这个人的心理相对比较健康，有基本的自我观照、自我觉察和自我反思能力。所以，这个行业的专业工作者在工作中碰到精神病态等各种人格障碍，是一件很无奈的事情。例如，前不久，一个小有名气的老板来参加我们的一个企业家学习活动。他的公司刚上市，体量可能比当时在场的大多数人的企业大一些。他注意到这个情况后，说话的声音就开始越来越大。在一个同学表达了要成为千亿级企业的梦想之后，他开始抑制不住地嘚瑟："什么千亿级企业？你们见过千亿级企业吗？千亿级企业老板都是与什么人交朋友你们知道吗？"云云。大家见过找存在感的人，没见过以这种方式找存在感的人，整个会场瞬间"石化"。

这种老板，在"dog cat dog"（指强势竞争文化）的西方职场中，也许不算什么大问题；但在注重涵养和城府的中国社会，我可以断定，几乎预示了他将来不妙的结局。当然，语言上的冒犯，与行动上的冒犯相比，算不了什么。最近，中国某著名电商公司创始人的"强奸案"和某著名制药企业创始人的"杀妻案"的各种细节透露出来，大家可以看看这种精神病态发展到行为冒犯层面的时候，能有多么可怕。而社会大众和公共舆论，对这种行为模式的惩罚力度，又将有多大。创业者本来就是比较异类的人，再加上他们肩负各种巨大的压力，他们发生心理健康和人格障碍问题的概率比普通人更大，忽视这个问题，对员工、对企业、对社会都是一个巨大的风险。

关于企业家的心理健康和人格障碍，我的母校 INSEAD（欧洲工商管理学院）的曼弗雷德·凯茨·德·弗里斯教授是西方学术界绕不过的一座灯塔。从 20 世纪 70 年代开始，他花了近半个世纪研究这些问题，横跨学术界与实践界，发表了 300 多篇论文并出版了 40 多本书，组织了无数高层培训和咨询项目，影响了欧美国家千千万万的企业和企业家。他的所有著作的清单，打印出来，最少几十页。西方一线学者有多敬业、多专注、多勤奋，凯茨·德·弗里斯是一个非常好的正面典型。

凯茨·德·弗里斯几乎单枪匹马，把 INSEAD 变成世界领导力研究与发展的中心之一。不为人知的是他这些年经历的一些艰难的挑战。行为心理学成为西方学术界主流之后，弗洛伊德的心理分析学成为一个少数派，甚至被一些人认为是"巫术"。凯茨·德·弗里斯却一直强调他的心理分析学背景，和基于心理分析学的心理动力学（psychodynamics）及心理治疗学（psychotherapy）范式，可以想见，主流心理学学术圈是怎么看他的。自从 80 年代他与著名组织学者米勒（Dan Miller）在主流学术期刊发表《神经质组织》后，主流心理学界、组织学界基本就找不到他的名字了。

还要一个原因是，凯茨·德·弗里斯的写作风格基本沿袭的是欧洲管理学界的传统，偏人文，偏跨学科，行文常常是旁征博引，如入无人之境，与美国 A 级学术期刊的偏定量、偏专业术语，讲究"无一字无来历"的行文风格，形成鲜明的对比。所以，他的文章，一般都发表在偏欧洲风格的学术期刊（如 *Organizational Dynamics*，*Human Relation*）上；他的书的出版者，一般也不是那些有严格的同行评审程序的学术出版社（如西方主要大学的出版社）。

我在 INSEAD 读博士时，凯茨·德·弗里斯不在组织行为学（Organizational Behavior，OB）系，而是在创业与家族企业系；不是核心的、行使各种学术权力的 tenue-track professor（终身轨教授），而是相对边缘的 clinic professor（临床教授或实践教授），可以想见他在学校地位的尴尬。过来人告诉我，有一段时间，他甚至差点面临被学校解聘的情况，幸好当时在 INSEAD 的另外一位管理大师明茨伯格及时出手，危机才算化解。

当时，我们这些少不更事的博士生，每天浸淫在典型的美式研究的各种套路当中，对于凯茨·德·弗里斯的遭遇，还不免有些轻薄之心，就像财务、运营等定量学科，

5

嘲笑偏定性的 OB 代表的是"Organizational Bullshit"一样。定量研究嘲笑定性研究，正式模型嘲笑数理统计，大家人云亦云地一起跟着鄙视链走，哪里知道这种鄙视和反鄙视背后的辛酸与无奈。多少年轻的学术梦想，在这种狭隘的对峙中灰飞烟灭。

当然，与德鲁克长期得不到学术界的接受，甚至直到今天仍为一些人所轻薄相比，凯茨·德·弗里斯这点尴尬，就算不了什么了。西方管理学界的这种理论界与实践界、理论知识与实践知识相互脱节的奇怪情况，也是管理有多复杂，管理学有多复杂的一个很好的注脚。权力、派系、资源……象牙塔内的斗争，甚至比象牙塔外面还要更为激烈、更为不择手段、更为"精神病态"。所以，如果没有一定的使命感与责任感的支持，大家还是离这个学科远一点为妙。

学术界倾向于认为，信息技术的发展、传播的便利、各种娱乐方式的大繁荣、全球化导致的竞争加剧，也许都在某种程度上加大了人们平均的精神变态的程度，或者说，至少是加大了人们对各种精神变态的接受程度。第一代硅谷创业者，如惠普公司创始人大卫·普克德（David Packard）和威廉·惠利特（Bill Hewlett）、英特尔公司前CEO安迪·葛洛夫（Andy Grove），他们看起来都是温和儒

雅的谦谦君子，到了乔布斯、马斯克时代，却仿佛印证了
Andy Grove 的那句话：唯有偏执狂才能生存，唯有偏执狂才
能成功。对事的偏执狂，大家容易接受；对人的偏执狂，
就离人格障碍和精神病态不远了。

难道这个世界必然要被《穿普拉达的女魔头》那样的
疯子、变态和怪人所主导？我倾向于没那么悲观。心理学
的维度之外，还有一个神学的维度。我写下这篇文章的时
候，巴黎圣母院刚刚燃起熊熊大火。与很多人认为这标志
着法国和欧洲信仰的失落相反，我反而认为这也许是他们
的宗教文化之复兴的一个转折点。这种宗教文化，强调英
国作家 C. S. Louis 所定义的 agape（上帝之爱、无缘无故的
爱）的力量，对于维护人们的心理和精神健康，遏制精神
病态尤其是企业界的精神病态扩散的趋势，将起到一般中
国人难以想象的巨大作用。

反倒是我们中国有些人，好像除了对金钱，包括金钱代
表的地位和金钱所能购买的东西以外，对其他东西，都鲜见
坚定的信仰，未来将如何应对这个问题，更让人担心。大火
之后，巴黎圣母院的主体结构还在，我们的"巴黎圣母院"
呢，早就不知道经历过多少次大火了。我在《以热爱战胜恐
惧》中总结的正念、良知与天命三个概念，算是在文化的废
墟里努力拣起一些相对完整的碎片吧。这样一片瓦砾遍地、

尘土飞扬的土地上，技术演进的巨轮越转越快，娱乐至死的文化愈演愈烈，没有底线的资本用更大的力量让用户上瘾，看那一张一张麻木的脸，因为过度使用电子产品而逐渐失去血色。这些东西，将把我们带向何方？

我没有答案。

（作者为领教工坊联合创始人）

关于作者

在已被广泛研究的领导力和个人与组织动力学领域，曼弗雷德·F. R. 凯茨·德·弗里斯教授引入了全新的观点。他凭借经济学（经济学博士学位，阿姆斯特丹大学）、管理学（国际教师项目参与者、MBA 和 DBA 学位，哈佛大学商学院）以及精神分析学（加拿大精神分析学会、巴黎精神分析学会和国际精神分析学会）等领域的知识和经验，仔细研究了国际管理、精神分析、心理治疗、动态精神病学与高管教练之间的关系。他感兴趣的具体领域包括领导力、职业动态学、高管心理压力、创业精神、家族企业、企业继承计划、跨文化管理、高绩效团队建设以及企业转型和变革的动态变化。

弗里斯教授是 INSEAD（欧洲工商管理学院，在法国、新加坡和阿布扎比开设有分校）领导力发展和组织变革领域的杰出临床教授；他是 INSEAD 全球领导力中心的创始人，该中心是世界上最大的领导力发展中心之一；他是欧洲工商管理学院高级管理课程"领导力的挑战：培养你的

情商"项目的主任、管理学硕士项目"带来变革的咨询和
辅导"的负责人,曾五次获得该学院的杰出教师奖;他还
是柏林欧洲管理与技术学院(ESMT)领导力发展研究领域
的杰出客座教授。他曾在麦吉尔大学、蒙特利尔高等商业
学院和哈佛商学院担任教授,并在世界各地的管理机构
讲学。

英国《金融时报》《经济学人》、法国《资本》杂志、
德国《经济周刊》都将弗里斯教授评为全球顶尖的领导力
研究学者。他名列"全球最具影响力的 50 位管理思想家",
并被认为是在人力资源管理领域最有影响力的人物之一。

弗里斯教授是 40 多本书的作者、共同作者或编辑者,
包括《神经质组织:诊断并改变不良管理风格》《领导、傻
瓜和骗子》《管理快车道上的生与死》《领导的奥秘》《幸福
等式》《领导者是天生的吗》《俄罗斯新商业精英》《恐惧领
导力:阁楼上的夏卡祖鲁》《全球高管领导力清单》《教练与
沙发》《沙发上的领导》《沙发上的家族企业》《性、金钱、
幸福与死亡》《性格与领导力反思》《领导力与职业生涯反
思》《组织的反思》《领导力教练万花筒》《刺猬效应:打造
高绩效团队的秘诀》《正念领导力》。还有几本书在准备中。

此外,弗里斯教授已经发表了 400 多篇学科论文,包
括书中的章节和独立文章。他还撰写了大约 100 个案例研

究，其中 8 个案例获得了"ECCH 年度最佳案例奖"。他是许多杂志的固定撰稿人。他为《哈佛商业评论》和《INSEAD 知识》写作博客。他的文章刊登在《纽约时报》《华尔街日报》《洛杉矶时报》《财富》《商业周刊》《经济学人》《金融时报》和《国际先驱论坛报》等刊物上。他的书和文章已被翻译成 31 种语言。

弗里斯教授是《管理学会》编委会的 17 个成员之一，并当选为管理学学会的会员。他是国际精神分析研究组织（ISPSO）的创始成员，并被授予终身会员资格。由于对领导力研究和发展的杰出贡献，他也是获得国际领导力协会终身成就奖的第一位非美国人；他被认为是世界领导力发展领域与规范的创始学者之一。由于他对咨询领域的贡献，美国心理学基金会授予他哈里和莱文森奖（组织咨询方面）的荣誉。在荷兰，他因在管理和精神分析领域的贡献而被授予弗洛伊德奖。他还获得了哈佛领导力辅导学院的卓越远景奖。此外，他还获得了两个荣誉博士学位。

弗里斯教授是美国、加拿大、欧洲、非洲和亚洲顶尖公司在组织设计、转型和战略性人力资源管理领域的顾问。作为领导力发展领域的全球顾问，他的客户来自 ABB、荷兰银行、埃森哲咨询、荷兰全球人寿、法国液化空气公司、加拿大铝业、阿尔卡特、阿布扎比先进技术投资公司、贝恩咨询、奥陆芬音响、邦尼集团、英国石油公司、凯恩酒店集团、德意志银行、爱立信、通用电气资本、高盛、喜力、哈德森、联合抵押银行、天达、毕马威、乐高、利宝保险、汉莎航空、灵北制药、麦肯锡、澳大利亚国家银行、诺基亚、诺华制药、诺和诺德、起源、南非米勒酿酒、壳牌、喜威、史宾沙、南非标准银行、三方对话银行、联合利华和沃尔沃汽车。作为一名教育家和顾问，他曾在40多个国家工作过。在担任顾问期间，他还是 Kets de Vries 研究所（KDVI）的创始人。该研究所是一家从事高端领导力发展咨询的公司。

荷兰政府授予他奥兰治-拿骚官佐勋章。他是第一位在蒙古国飞钓的人，还是纽约探险家俱乐部的成员。在工作之余，他的足迹遍布非洲中部的雨林与草原、西伯利亚的针叶林、帕米尔高原和阿尔泰山、阿纳姆地乃至北极圈。

第一部分

— 1 —

介　绍

这个兔子洞开始像隧道，笔直地向前，后来就突然向下了，爱丽丝还没有来得及站稳，就掉进了一口深井里。也许是井太深了，也许是她感觉自己掉得太慢，因此她有足够的时间东张西望，猜测接下来会发生什么事。

——刘易斯·卡罗尔

哲学家是在暗室里寻找不存在的黑猫的盲人。神学家是找到那只猫的人。

——匿名。由 H. L. 门肯搜集（1942）

刘易斯·卡罗尔的小说《爱丽丝漫游奇境》讲了这样一则故事：一个温暖的夏日，爱丽丝在草地上无所事事。

突然，她看到一只白兔身穿背心，看着怀表，匆匆忙忙地从她身边经过。她好奇极了，跟着兔子掉进了一个长长的洞穴。她发现自己进入到一个怪诞又离奇的地方——"奇境"。在那里，爱丽丝遇到了会说话的神奇动物（包括抽水烟袋的毛毛虫）、魔法食物和荒诞的皇家法庭。在冒险途中她还遇到了一个奇怪的生物——露齿笑的柴郡猫。这只猫能够随意出现和消失，而只留下它的笑脸。在柴郡猫的建议下，爱丽丝拜访了三月兔。它每天和睡鼠还有疯帽子开着无休止的茶会。最终，爱丽丝见到了红心皇后，也就是统治奇境的疯狂暴君。故事结尾处，红心骑士（红心皇后的一个卫兵）因为偷了几个蛋挞而受到指控。爱丽丝作为证人参加了审讯。因她嘲笑审讯，狂怒的皇后下令"砍掉她的脑袋"！爱丽丝解散了整个法庭，其实他们"只是一盒扑克牌"。这时，爱丽丝醒了，发现自己是在做梦。

自 1865 年出版以来，《爱丽丝漫游奇境》一直是一部备受喜爱的小说。书中天马行空的幻想深受儿童和成人的欢迎，然而这个故事比我们初读时所想的更加意味深长。掉进兔子洞可以理解为对进入未知世界的隐喻。故事里的事件与儿童的成长阶段相对应：从儿童期到青春期，再到成年期。从很多方面来看，爱丽丝的冒险是一个永不过时的故事，是一场对潜意识的探索之旅，其中有重重的危险、愉快的惊喜、冒险、动物向导，还有她随之增强的意识。旅途中，她努力理解世界的运行方式、当政者之间的关系、人们玩的权力游戏（如何让看似随心所欲的规定变得有意义）、人们对于时间的矛盾心理，以及死亡的不可避免。同时，奇境还呈现出一个疯癫的世界——一个正常的行为准则都会失效的过渡性空间。正如柴郡猫说的："在这里，我们都疯了。"生活中充斥着谜题，或者引用威廉姆·布莱克的话来说："生活是一部由矛盾构成的虚幻小说。"

在本系列图书的最后一本书里[①]，我观察到了领导者坐在过山车上，驶过他们的职业生涯和个人生活的经历。在这本册子里，我跟随他们掉进兔子洞，进入未知的世界。在那里，他们就像刘易斯·卡罗尔笔下的爱丽丝那样，发现了一个反乌托邦奇境，那里的每个人都像疯了似的，他们按照疯狂的逻辑生活，丢弃各种障碍物以找寻真相。跌入兔子洞隐喻我们力图获得进步、找到真相、理解周围发生的事，尽管兔子洞里发生的一切都很荒谬。

① 凯茨·德·弗里斯（2017）.

在特朗普当政的时代，理解我们周围发生的事比任何时候都困难。他声称他的任期将会很"美好"，我们能否因此安心？他命令的话语"修建边境墙"或"把她关起来"，听着是不是很像"砍掉她的脑袋"？不幸的是，我们不会像爱丽丝那样从噩梦中醒来，也不会发现如今的当政人物"只是一盒扑克牌。"

本书中的文章都是我个人在意义构建方面所做的努力，来源于我对世界现状的担忧。本书的第一部分着眼于商业和政治背景下的领导力精神动力学。身居高位的人把他们个人的神经症投射并散播到公众领域的能力一直让我很感兴趣。在第一部分的文章里，我讨论的是当代的问题。我们并非真的生活在一个普遍意义上的"美好时代"；对于"我们正在为我们的孩子创造一个更美好的世界"这个观点，我们中的很多人也并不那么乐观。决定选特朗普为总统的人们是否忘记了二战时期难以言喻的黑暗——那场由心理扭曲的领导者挑起的战争？正如哲学家乔治·桑塔亚那说的："忘记过去的人终将重蹈覆辙。"在为特朗普这样煽动民心的政客投票的事情上，人们将信任交付给歪曲的意识形态和专制的领导者，显示出他们对这么做将会产生的后果一无所知。我们永远都不该低估社会倒退的能力。失足跌入兔子洞是很容易的。

在第二部分中，我专注于组织日常生活中的精神病理学，观察人们怎样把工作搞得一团糟。方法看似无穷无尽，包括超高的薪酬包、发泄、数字成瘾、失常的行为、人性的阴暗面，以及对意义的探索。

首先让我们简单了解一下 21 世纪早期生活中的两个重要主题：反乌托邦倾向和领导力的黑暗面。

反乌托邦

20 世纪伊始，反乌托邦小说就成为一种公认的体裁。近来，反乌托邦这一主题更是被越来越多地用于电影（《银翼杀手》《黑客帝国》）、电视剧（《高堡奇人》）和电脑游戏（《使命的召唤》《骇客任务》）。小说有乔治·奥威尔的《1984》，奥尔德斯·赫胥黎的《美丽新世界》，玛格丽特·阿特伍德的《使女的故事》。上述这些作品都不足以鼓舞人心。这些反乌托邦作品勾画出未来的黑暗景象，凸显出个人在面对高压政权时的无力。而且在这些反乌托邦社会中，人们的生活充斥着无穷尽的苦差，没有可期待的东西。这些反乌托邦社会中盛行的一个普遍论调是"没有人可以信任"，正蚕食着我们略带偏执的心理特质（这种特质来自我们的进化史）。随处可见的阴谋把这种社会变成了活生生的噩梦。

具有讽刺意味的是，我们如今享有并且习以为常的诸多科技进步，是在本着为人类创造更美好未来的期望下获得的，然而那些曾经看来是推动前进的"良方"却演变成了反乌托邦忧虑。在追求进步和知识的过程中，我们常会忘记去透彻地思考我们的行为对道德、社会和环境产生的后果。

当下广为流行的反乌托邦作品可以视为对我们普遍关注的问题的反映。作品中偏执的、大难临头的意象并没有强加在具有抵抗力的公众身上。相反，它阐明了文化活动与当前公众情绪相连接的方式。它是对时代精神的回应。我们真正需要担忧的是它受到的热情追捧。

这些反乌托邦作品的创作者描绘了类达尔文主义的社会。那里缺少正当的信仰、人类的尊严、平等和可持续性。它们生动地呈现出逼真的恐惧：个性被扼杀、人身自由不复存在、人们遭受政治压迫这一切都轻易地发生。它们展现了人如何被僵化的思想禁锢，仇外心理如何演变为暴力，以及先进的技术（比如自动化和人工智能）如何转而攻击它们的创造者。在反乌托邦的世界里，基因、金融、社会学、数码工程都带来世界末日般的后果。

所有这些富有创意的作品，都在存在层面上描绘出我们的个人和社会恐惧：民族认同的丧失、失业、缺乏教育、犯罪、民主进程的（无）效力。"我们生活在一个完全由匿名寡头政权掌控的社会里"的想法更加重了这种恐惧。这种政权富得出奇又强大有力，它的存在让其余所有人都感到被剥夺了公民权。很多人担心这个统治阶层具有支配性的全球影响力，足以破坏其他所有人的幸福。"财富的严重失衡会危及开放和民主的社会"是一条自明之理，因此唐纳德·特朗普"抽干沼泽"的竞选承诺会如此受欢迎也就不足为怪了。

当然，反乌托邦并不是新鲜事物。机能失调的社会景象已经在我们头脑中存在了很长时间。只是现在看来，反乌托邦愈加普遍了。

许多反乌托邦故事的起源可以追溯到后二战时期。那时，人们对于核毁灭可能性的忧虑被形象地描绘在影片《奇爱博士》（1964 年）中，又名《我如何学会停止恐惧并爱上炸弹》。人们对核军备竞赛的焦虑，引发了对自然环境将遭受到灾难性破坏的可能性的担忧。随着有核能力的国家越来越多，这种担忧将会持续下去。然而现在，从我们耗尽地球的资源、破坏生态系统的所作所为来看，上述的恐惧都比不上人们对一般人类活动破坏世界的恐惧。全球变暖日益引人关注。从心理学上来说，全球变暖的后果的真正危害，解释了为什么有些人如此激烈地否认它的存在。很遗憾，否认只是陈词滥调，不能改变现实。

对以下事件的惧怕也增强了这份恐惧：国际恐怖主义、肆意杀害自己公民的独裁者、金融危机后的余震、城市犯罪水平的上升、难民危机和移民问题、严重流行性病毒和传染病的威胁——所有这些都被新闻媒体连续不断地报道，曾经看似幻想中的反乌托邦未来似乎会轻易成为可怕的现实。

在当今的网络时代，尽管互联网好处不少，人们却对它投以越来越多怀疑的目光。许多政府在有了数字技术的帮助后，似乎漠视了隐私方面的基本人权。强行披露多个全球监听项目的爱德华·斯诺登事件，也是对利用个人和官方数据的一记警钟。社交媒体的安全和诚信正受到严密的审视。我们越来越害怕被超越自身认知意识和控制力的力量操纵。是不是媒体在下意识地替我们洗脑、灌输给我们仿真陈述而非事实，使我们对真正发生的事浑然不知？我们是否在使用社交媒体方面过于自满？或者过于轻信，而把大量个人信息泄露在上面？是否被先进通信带来的愉悦所迷惑，而不去理性地思考它的负面影响？

领导力的黑暗面

具有破坏性的领导力实例并不难找。我们只需看看在那些破败的国家发生的事，比如南苏丹、刚果民主共和国、索马里兰、伊拉克、阿富汗、也门、叙利亚，或者委内瑞拉。如果说这些还不够，那么美国也出了个唐纳德·特朗普总统，他不负责任的行为似乎没有底线。拜特朗普的滑稽言行所赐，对核战争的恐惧再一次成为全世界的首要关注点。同样烦人的是，他对伊朗的对抗立场与其他西方国家的策略背道而驰。他的行动就像他的外形和雄辩，即使谈不上荒谬，也称得上滑稽。如果他掌管的是个小国，他的大多数怪异行为都可以被忽略。但美国不是香蕉共和国，唐纳德·特朗普是世界上权力最大的人。我们应该把他的行动看成"极其危险"的。

有一句真理，意思是我们得到的是我们应得的领导者。放眼很多上台掌权的领导者，可以说为他们投票的人可能是无知的，没有意识到他们选举行为的后果。选领导者时，我们想看到的是领导者们对未来的展望，而不是客观上最有可能发生的情况。虽然有时候确实需要幻想来支撑现实，但是我们也应认识到：（不论是否愿意）不是我们掌控现实，就是现实掌控我们。然而很多人更乐于坚持虚妄的幻想，而不是牢牢掌握可能发生的事。很不幸，坚持对未来不切实际的幻想，当未来降临时就会束手无策，一旦出现问题，只会使事态变得更加令人痛心。秉持乐观的态度或许会获得短期的轻松和舒适，但从长远来看终究会造成毁灭性的后果。

概　述

本书的第一部分与当前的全球发展紧密相关，从宏观角度入手，通过聚焦领导力方面的问题，力图让读者更好地理解反乌托邦趋势。我会围绕特朗普（或和他类似的人）进行讨论，从很多方面来说，他可以被当成反乌托邦的"原型"。特朗普每天都带来新的令人不快的"惊喜"，他作为负面行为榜样的资质似乎无人可比。民众对他的行为的反应，再次显示了人能够将矛盾合理化，并从胡言乱语中找到意义。

我利用特朗普的例子讨论如下主题：独裁者的形成、霸凌、权力上瘾、"特朗普"热、恶性自恋的影响、丑陋的美国人的形成、如何应对自恋狂行为、如何成功地培养有效力的领导者。

本书的第二部分纵观领导力的兴衰，聚焦于组织日常生活中的精神病理学。我也会探讨多种多样的问题，包括"真实鲜活"的组织、超高的薪酬、家族企业、大智若愚者的作用、乞丐的困境、羞耻、发泄、同理心的重要性、数字成瘾、应对人性的阴暗面、配偶的选择、智慧，以及其他与人们用不计其数的方式把生活搞糟相关的问题。

三大框架

众所周知，正常状态和神经症之间的界线有多模糊，正常和异常之间能被感知到的差异比实际更明显。我们需要接受一点：这两种精神状态间的差别大都是想象出来的，从一种状态到另一种的转化是个渐进的过程，通常难以察觉。而在每个人每天的生活中，病理的提示是很明显的。在患有精神疾病的人身上能够清晰察觉到的精神病理，也很容易在被认为是正常人的身上发现（虽然程度较轻）。我们所有人都有那么点疯狂，因为每个人都会被内心深处难以消解的矛盾萦绕。我们的内心都隐藏着我们不愿承认的愿望、欲望、需求和冲动。对我们来说，精神生活中的很大一部分永远是高深莫测的，那里包含着依靠心理侦探工作才能揭开的秘密。看似巧合的或无法解释的事，实际上可能是揭开某些深藏和隐蔽的真相的线索。但是在很多情况下我们会发现，不仅所有看上去惊人的事都有一个明确的心理原因，连所有正在发生的事也会有一个起初并不显眼、但符合逻辑的含义。令人惊讶的是，许多非理性的人类行为也都有理性的解释。

从这方面来说，西格蒙德·弗洛伊德和夏洛克·福尔摩斯的工作有很大的相似之处。夏洛克·福尔摩斯这位虚构的伟大侦探在试图揭开巴斯克维尔庄园的猎犬的秘密时说过："世界上充满着显而易见却从没有任何人观察过的事。"他还补充说，人看到却不去观察，听见却不去倾听。在多种多样的侦探行动中，夏洛克·福尔摩斯知道没有一件事比显而易见的事实更具欺骗性，所以在各种探案工作中，他以探究其他人不知道的事为己任。不要总是相信你看到的。我们都知道，连盐看上去也像糖。

为了解释影响我们生活的普遍情感、智力、道德和文化模式，我也扮演过夏洛克·福尔摩斯。进入这一角色帮助我透过表象分析事物，也让我了解到意识具有不同的层次。我努力"抛开记忆、欲望、理解"（套用精神分析学家维尔弗雷德·白昂的一句名言）来审视每个问题，不过我知道，在找寻答案时（有意识或无意识地），我很大程度受到三个参照框架的指引。

首先，因为学过精神分析学，我深受精神动力系统框架的影响。我有一个针对人生悲欢离合的临床定位。我从经验中得知，探索深层现象以及这些动力如何影响我们的行为、语言、幻想和梦想，会带给人巨大的启发。我通过临床范例这一框架，利用精神动力的透镜来研究组织中人的行为。通过理解人更深层的愿望和幻想，展现出这些幻想是怎样影响人在组织世界里的行为的。我发现这个范例为了解高管和组织的真实工作方式提供了非常实用的方法。

　　正如我在以往的文章中探讨的，临床范例包含四个基本前提。第一，我会论述人的每个行动背后都有一个原理——一个合理的解释——即使是初看之下非理性的行动也不例外。这个观点说明了所有的行为都有某种解释。无意识的需求与欲望紧紧交织在一起时，解释正在发生的事情是很难的。因此，我们需要夏洛克·福尔摩斯式的侦探工作来梳理隐藏在人们复杂行为下的暗示和线索。第二，尽管大量的精神生活——感觉、恐惧、动机都存在于我们的意识之外，却仍然影响着我们的意识、知觉甚至身体健康。不论我们是否愿意，每个人都有盲点。人无法时刻意识到自己在做的事，对于*为什么做*和*做什么*的意识就更少了。虽然隐藏在理性思维之下，人的无意识仍影响（在某些情况下甚至是命令）着意识知觉。即使"最理性"的人

1 · 介　绍 ·

也有盲点，"最好"的人也有阴暗面，只是他们自己不知道，抑或不想知道。第三个前提说的是：没有什么比我们调节和表达情感的方式更能体现我们的性格。情感为经历创建正面和负面的关联，让我们在做选择和对待世界的方式上有所偏好。情感还为人生中指导我们人际关系的自我和他人精神表征的内化打下基础。然而生活经历会留下印记，因此我们感知和表达情感的方式也会随时间而改变。临床范例的第四个前提是，人的发展是一个交互和内在的过程。过去的经历造就了现在的我们。这些经历，包括早年时期看护人带给我们的经历，都持续地影响着我们的整个人生。即使成年后不再适合重现孩童模式，认识我们在成年期倾向重现孩童模式的程度，也有助于更好地理解我们行为方式的起因。

我在探究如何理解人类行为的可变性时发现的第二个珍贵的参照框架是进化心理学。这个心理学分支研究的是进化史背景下的人类行为。我发现，从进化心理学的角度来看问题，会增进对心理和行为现象复杂因果关系模式的理解。使用这个框架的过程中会建立起一种意识：思想在很大程度上是我们的史前祖先在应对生存和繁衍的压力中形成的。这一概念框架增强了我们对人类身体和人类思想的理解，厘清了进化适应是如何影响行为模式、情感、认知和大脑结构的。精神和心理特质，比如记忆、感知、语言，都可以看作自然选择的功能性产物。在这些重建的解决问题适应性的帮助下，我们也就能解释这些普通的行为根源如何表现在当今全世界的不同文化中。进化原理的运用一直渗透在心理学的不同分支学科中，包括心理动力学、发展心理学、认知理论和神经系统科学。

我的第三个参照框架是神经系统科学。一直以来，我都在寻找对于人做事原因的最"科学"的解释。神经系统科学给了我们一个很有趣的机会——加入到希望通过研究大脑来揭开人性最深层奥秘的广大人群中。那些人期盼神经系统科学打开通向精神世界的窗户，帮助解释人性。对许多人来说，基于大脑的解释比其他探索人类行为的方式更先进。

神经系统科学通常与较深奥的主题相联系，比如生理机能、神经元、激素、受体、神经递质；与较浅显的主题相对，比如更多出现在传统心理学中的思维、想法、信念、情感、欲望。许多神经系统科学家主张神经活动的具体模式与某些行为模式有关，我觉得这种说法很有意思。有一个非常有说服力的论据支持这个说法，那就是被称为"磁共振功能成像（fMRI）"的脑部成像过程，人们用它来测探大脑的活动。虽然磁共振功能成像做出的报告非常出色，有时我还是怀疑研究大脑的兴奋区域能否高度精准地解释人的内心活动。仅通过看一张大脑活动图，能否找到思维之谜的答案？

基于科学研究的现状，我们仍然很难通过扫描拍摄到大脑极为复杂的机械运作。也许大脑中一直存在某些难以解释的运行模式。虽然我力图将神经系统科学上的一些发现融入到我对人类机能的研究工作中，我还是认为应当谨慎采纳神经系统科学家的许多断言。我们要意识到神经的中心性，也就是相信人类行为能够从大脑结构这一独特的视角中得到最好的阐释。浅显的神经系统科学无法解释人类思维的运作。我们也许不希望神经系统科学形成一股解释热潮。话虽这么说，在未来的几年里，神经系统科学也许会发展到一个高度，可以准确地预测遗传学、大脑环境以及它们所有的复杂聚集和交互是如何影响特定的个人在特别的时刻做出特有的选择。

在我扮演夏洛克·福尔摩斯这个角色时，我列出的三个参照框架都发挥了很大的作用。它们协助我进行意义构建，帮助我更好地理解组织在日常生活中的精神病理学。虽然面对的是极其复杂的概念，但是我也能用简单易懂的语言来表述这些想法。我为报纸撰写专栏的经验使我现在受益匪浅。

最后的评论

我自始至终是一个活跃的读者，读书也一直是我的主要兴趣之一。正因如此，我（在教学之外）的主要工作是写书也就不足为奇了。虽然我仍然在写，但我知道大众的阅读行为已经发生了转变。看到我的孩子和孙辈都沉浸在社交媒体中，我怀疑千禧一代和 Z 一代是否还有看书的渴望。数字革命是否夺走了这些人的阅读能力？他们是否忘记了阅读的魔力？他们是否把大部分时间都花在电子游戏、社交网络、文字消息、看电影、为智能手机和 iPad 下载应用程序上？他们是否觉得蠢蛋才会去看书？他们是否从社交媒体中获得了所有需要的信息？

　　我也同样感受到来自数字化浪潮的压力，虽然程度要轻得多。和大家一样，我也觉得自己像一个信息过载的受害者。有时候我被排山倒海的信息淹没，以至于越来越难以腾出时间沉浸在读小说的魔力中。我的阅读习惯渐渐地被短小而"易消化"的读物吸引。这个转变也影响了我的写作习惯。构成这本书的许多章节原本是为《哈佛商业评论》和欧洲工商管理学院智库网撰写的微文（博客）。我发现，用浓缩的形式表达复杂的想法是很有挑战性的。虽然我计划以一种逻辑性的顺序把它们呈现在这里，但是鉴于这些文章的来源，它们中的每一篇都可以单独阅读。

　　我在每章节的最后都加上了一个短小的道德故事，作为例子来说明该章节叙述的困局。我希望这些简短的逸事趣闻能引出某些更深层的自我质疑，帮助读者将故事与日常生活联系起来。在历史长河中，人类一直都设法通过讲故事来表达重要的讯息。道德故事帮助我们保存历史和文化，用易于记忆的方式将它们传给下一代。我们通过这些故事，传达了人与人之间应当如何对待彼此，交流了我们珍惜的事物以及可能会发生什么等信息。我们还用这些故事来灌输宽容的态度，激发人们的勇气、感恩之心和责任感，锻炼情绪控制力，强调正直的品格。

我们也用道德故事为疑难问题寻找解决方案，比如我们为什么在这里？我们的人生目的是什么？它对人类来说意味着什么？这里的有些故事力图为生活的混沌和随意赋予秩序和意义，帮助我们想象可能的未来。沉浸在这些故事中时，我们是在用他人的眼睛看待世界。道德故事是强有力的工具，因为它可以用来说服他人、改变社会，当然结果有好也有坏。

我也受到过反乌托邦思想的影响，但是我认识到了充分利用当下和对未来抱以希望的重要性。若仔细剖析这些反乌托邦作品，就会注意到有趣的一点，那就是故事中的许多主人公具有为追寻人性的美德而行动的勇气。有些故事讲述的是个人如何战胜巨大的挑战、如何应对困境，以及如何对抗社会上的一切不公。他们知道生活中充满了斗争，也不可能有迪士尼式的圆满结局，但他们也承认希望是一直存在的，而且希望使眼下的处境变得可以承受。倘若心存希望，我们就能承担起必须面对的挑战。希望能照亮四周的黑暗，就像伟大的小说家陀思妥耶夫斯基说的："生活没有希望，无异于行尸走肉。"这些反乌托邦故事告诉我们的是，当我们怀揣着希望，为创造更美好的未来而聚集在一起时，就会发现自己有了生存下去的可能。只有齐心协力，才能让一切走上正途。

我们要提醒自己：不积跬步，无以至千里。如果我们把生命以日来计，我们几乎就能应对一切。如果我们每个人每天都朝着更好的方向迈出一小步，我们也许就能最终抵达想去的地方。我们也可以提醒自己，小说化的反乌托邦世界的好处是我们能够间接地经历可能发生的事，同时留给我们开放的机会去避免它们。希望大家本着这种精神来读这本文集。

— 2 —

你想被独裁者领导吗？

每个独裁者都是自由的敌人、法律的对立者。

——狄摩西尼

独裁者将自己的意志强加于社会，使其背离本身的意志，这种说法是评估独裁最大的错误之一。现实中，历史上的每个独裁者做的只是强调已存在的国家观念，他只是把这些加以夸大，从而获得权力。

——威廉·赖希

彼得当选总统后，民众欢呼雀跃。大家都喜出望外，因为他们有了一张新面孔来领导国家，而不是旧政权里的一员。新总统呈现了未来的愿景，给人们带来了希望。但是随着时间的推移，事情却没有像预想的那样。地位和性格（也就是彼得的个性）结合在一起，成了一杯有剧毒的酒。伴随总统职位而来的权力似乎冲昏了彼得的头脑，对他产生了奇怪的影响。当然，新总统的职位并没有立刻改变他的行为，这种改变是一个很微妙的过程。

第一个引人关注的迹象是，彼得把关系密切的、对他忠诚的人放到了关键的职位，尽管他们的能力有问题。许多曾为他投票的人怀疑过这种公然的裙带关系，但他们还是对他抱着疑罪从无的态度。很不幸，这些还不是全部。引起更多关注的是彼得对于任何形式的批评的对抗态度，特别是来自主流新闻的批判。这位新总统显然不欢迎批判性的新闻报道。他开始逮捕记者，很多媒体渠道也开始进行自我审查。彼得在演说中拐弯抹角地提到国家的敌人并暗讽他们，但这也无益于政治气候的改善。令他的总统职位雪上加霜的是他喋喋不休地谈论威胁人们生活方式的因素：太多不法分子和外国人正冲击着守法公民的价值观和生活。不过他向所有人保证他们会很安全，他将是他们伟大的保护者。他会不屈不挠、坚持到底，尽自己所能维护国家的安全。有些机敏的政治观察员指出，这是一个经过试验的策略，为的是把一大部分公众拉进他的阵营。他们

还注意到，新总统正在一步步地夺走国家和国民的基本
自由。

从旧石器时代早期起，独裁者就存在于我们身边，不
论他们领导的是部落、封地、国家、异教、宗教，还是组
织。我们总会被看似强大的人吸引；许多人把独裁者看作
动荡不安的世界中坚定的指路灯。有些人甚至准备着为了
想象中的稳定感和保护感放弃自由。独裁者能够创造出一
种幻觉——他们会还原民众期望的任何伟业，他们也因此
变得更具吸引力。

本章标题中的"独裁者"可以追溯到古罗马时代。遇
到紧急情况时，参议院可以暂停正常的政治流程，摒弃选
举，指定一个人（独裁者）来管理一切。这位独裁者有权
通过颁布法令来进行统治。一般说来，社会动荡一直是独
裁者的温床。经济萧条时期、政治或社会动乱时期常会导
致人们相信自由主义和开放的民主都是不可靠的政治体系，
因此社会动荡的时代会给独裁者扮演救世主的机会。只要
条件允许，他们就会通过政变或其他方式掌权。但是当独
裁者标榜自己是品格高尚、鼓舞人心、追求改变的候选人
时，他们也会提出不切实际的想法和计划，承诺自己连最

无望的情况都能化解。由于他们富于修辞的表达技巧，他们民粹主义的煽动行为会使数量可观的人受到诱惑。如果我们透过表面现象，批判性地评估独裁者真正的所作所为，我们会很快明白他们大部分的夸张承诺都只是大话而已。

独裁者利用社会进程和动力来获得影响力和追随者。首先，他们非常擅长点燃人们信任的希望。他们叫嚣的爱国主义和公平正义正是民众想要听到的讯息。人们毫不质疑地接受独裁者的花言巧语，归因于人类最普遍的偏见——确认偏见。在这种偏见的影响下，我们会用与我们的想法和欲望一致的方式来阐释证据，而忽视与之矛盾的方面。确认偏见在处理信息时化繁为简，但是这也可以看作一种神经性的懒惰。作为专业的操纵者，独裁者利用了这一认知捷径。正如阿道夫·希特勒常说的："对政府来说，如果他们管理的人不会思考，就是大幸。"唐纳德·特朗普也有过同样令人厌恶的言论："我喜欢缺乏教育的人。"

向攻击者表示认同

独裁者在玩狡猾的政治游戏时，特别擅长瞄准在社会和经济上弱势的人群。这些人通常未受过良好的教育，很难获得信息，感到困惑、不安和无力。独裁者利用那些自我感觉落后的人的愤怒和挫败感。独裁者就是在这种情况下诱惑精神脆弱的人。通过认同攻击者的心理过程（在第5章中进一步探讨），精神脆弱的人们在这个男人或女人身上既看到了自我的倒影，也得到了某种有关胜利的承诺——他们将得到救赎，脱离被压迫的处境。鉴于独裁者在制造幻想和神奇想法方面的天赋——将合适的信息加以包装的才华，他们的选民很容易被洗脑。

不管出现什么社会性的错误，独裁者都很擅长挑起民众的冲动，怪罪他人或寻找替罪羊。他们根据进出国家的群体来定位问题、放大外部的威胁、煽动集体的偏执，通过这些方式创建原始的分裂防御机制。与此同时，他们标榜自己是坚定不移的救世主。追随者被他们简单直截的二元命题所蛊惑，齐心协力地与"邪恶"作斗争。随后，受独裁者支配的人们会变得无法容忍他们认为不同的事物。

除此之外，为确保事业的"正义性"，独裁者不遗余力地压制持不同意见的人和抱有怀疑态度的人。独裁政权的耳目无处不在，人们要么和他们结成一线，要么接受应得的惩罚。独裁体制将（由强制执行者施加的）恐惧作为一个基本工具，来确保民众的顺从。他们经常提醒人们警惕敌人、警惕周围的威胁，偏离政党路线的后果。随着时间推移，恐惧会深深地渗入日常生活的方方面面，人们甚至察觉不到它的存在。

独裁者很快发现了用政治宣传和精神控制来教化民众的价值。他们认识到掌控信息对于维持政权至关重要，因此他们设法将所有的主流媒体中央集权化。他们要确保所有的正面消息都归因于自己，所有的负面消息都归咎于国家的敌人。有了这么一个不停息的宣传机器，独裁者成为每个人生活中不可分割的部分也就不足为怪了；人们无法想象没有了他们，一切还能运行。选举的时候，独裁者会使出一麻袋的花招——剥夺新闻自由、限制反对派参选的能力、散播错误信息、操纵最终的选举结果。独裁者还要确保没有任何社会框架和体制能够促进或支持自由，并充当对抗势力。万一有这样的体制存在，他们会竭尽全力地摧毁它。

独裁者的起源

独裁者不是凭空产生的。他们的繁衍是由于社会和经济的混乱。他们知道在有压力的情境之下，人会因诉诸依赖的状态，而退回到寻求单纯的手段来解决问题。民众会和强大的领导者紧密地结合在一起，给他们无条件的忠诚和服从来换取指引和庇护。

贬低独裁者很容易，然而我们也要问一个更难的问题：谁该为独裁者的存在负责？从多方面来说，是我们（人民）使独裁者得以存在。我们（人民）就是敌人，毕竟独裁者无法在没有追随者的情况下生存。虽然我们也许不愿承认，但让别人告诉我们做什么、什么是错什么是对、没什么可担心的，是一件很有吸引力的事。只是我们似乎忘记了，伴随放弃个人责任而来的是言论自由的丧失、民主进程的脱轨和个人诚信的丢失。如果顺从独裁者的愿望，我们通常会得到物质上的好处作为回报。我们从独裁者处获利，增强了他们建立的专制体制，并且使它延续下去，就这样，我们自己也逐渐变得腐败。

从供给方的角度来说，想成为独裁者的人永远也不会少。总有人被权力吸引，他们中的大多数人都有特殊的个性构成，使他们更倾向于专政。很多过去和当代的独裁者都患有程度极高的自恋、精神变态和偏执。他们有着膨胀的自负感，把自己看成特殊的人，觉得自己有权管理他人。在许多情况下，他们的自恋性格往往是恶性的（我将在第4章中做进一步的阐述）。独裁者通常很难对他人的需要产生移情，也不会因负罪感和悔恨感有亏欠之情，所以他们能够犯下难以言喻的恶行、暴行和罪行。

独裁的人最终会被孤立，他们生活在回音室里，那里能放大他们想听到的东西。因为他们具有魅力超凡的号召力，吸引了有助于滋养他们狂妄的谄媚者。不过这也创造了一个死循环，使独裁者更加自高自大、脱离现实。

培养负责的选民

今天，我们或许认为已经看到了独裁政权的死亡。然而我们大错特错了。目前，我们正在目睹一场完美风暴的聚集。即使是许多已经建立民主的国家，也正受到滑坡至独裁政权的真实威胁。加速全球化引发了一大群体的焦虑和恐惧，那些人觉得被剥夺了公民权；尤其在西方，很多人开始担忧非西方社会的穆斯林的"入侵"，因此身份政治再次出现，其弦外之音就是排外。外来移民的增多加深了人们的恐惧；许多人开始担心他们的身份认同感会丢失，恐怖主义的威胁（和现实）也加剧了这种情况。得益于强大的大众传媒，我们每天都能看到有关暴行的最新消息。同时，人们努力应对的数码浪潮也增加了对专业能力退化的恐惧，这种忧虑还引发了大量的额外焦虑。难怪当人们相信目前的体制无法解决普遍的社会问题时，他们往往会放弃权力，屈服于某个他们想象中能解决所有社会不公的救世主。综上所述，最重要的问题就是我们能否阻止独裁者掌权。

作为一种预防性的维护，我们需要在潜在的独裁者暗自为害、毁灭我们的生活之前，把他们识别出来。等到他们掌权就为时已晚了。那个时候再去扭转局势是不可能办到的。

民众能够把独裁者推上台，也同样能抢先一步制止他们掌权。不过先决条件是以成熟的、见多识广的公众为基础的民主。这样的公众总能尊重不同的意见，知道运作良好社会的重要性。这意味着有一群具有前瞻性和批判性的民众，他们懂得如何辨别真实和虚假的新闻，也就是说，他们有可靠的信息来源，也能倾听不同的观点，权衡模棱两可的信息。国家的潜在选民必须能够获得多样的新闻来源，而不是局限在几个。在目前的情况下，很多人发现难以辨别真实和虚假新闻，特别是在美国的首席宣传员如此喜欢宣告孰是孰非的时候。让民众了解竞选人要展示的东西，是辨别真实和幻想必不可少的条件。这意味着投票的人群被动员起来，愿意主动参与，而不是觉得投票是别人的事。简而言之，防止独裁者掌权需要一个在意自身自由的群体——对开放社会的样子有憧憬的民众。

要防止独裁者的崛起，就必须有强大又独立的体系，其权力和监督要适当分离，并遵循法律规定。政府、国家元首、立法机关、法院、新闻界、选民都应该相互独立。

当然，我们常会问一个问题：形成过程中的独裁者能否被"治愈"？我想说那恐怕不太可能。历史经验也从其他方面证明了这点，而且从临床角度看，大多数精神治疗师、精神分析学家和精神病学家相信独裁者（尤其是精神变态的那种)是无法医治的。对抗性的力量(以健全的体制结构和有意识的选民的形式)只能期望提供预防性干预,而非有效的治疗。

查理·卓别林在他最著名的电影《大独裁者》中讽刺了纳粹主义和阿道夫·希特勒。他扮演的私生子理发师被误认为是虚构的托曼尼亚国的绝对统治者。该片拍摄于1940年,当时的世界暴露在另一场完美的风暴中,卓别林努力警告人们独裁政权的危险正合时宜。电影结尾处,卓别林发表了一段慷慨激昂的演说,号召人们团结起来与独裁政权作斗争。他说:

你们拥有使生活变得自由和美好、使生活变成一场神奇冒险的力量……让我们以民主的名义,使用这种力量,让我们团结一心。让我们为创造新世界而战,那将是一个体面的世界,它给人们工作的机会,给年轻人未来,给老年人保障……

独裁者解放自己,却奴役人民!现在,让我们为实现这个承诺而战!让我们为解放世界而战——废除国家间的障碍，废除贪婪、憎恨和不宽容。让我们为理性的世界而战，在那里，科学和进步会给所有人带来幸福。

不幸的是，我们依旧离卓别林脑中的那个世界很遥远。纵观当今世界的领导者们，他们中有很多人正在下很大功夫危害民主的进程。如今，狭隘的民族主义、仇外、贪婪、破坏性的权力游戏、难以想象的暴力无处不在。这使努力创造卓别林在《大独裁者》中构想的世界这一需求变得更加迫切。

这是我自己的一个故事，它说的是一个最近打了胜仗的独裁者。他为自己获得胜利、又扩张了版图感到欣喜若狂，于是他去拜访一位智者，征求他的建议："我又胜利了，我想要一个新头衔来庆祝我的成就。我觉得我的新头衔应该包含'天'字。很多征服者的头衔都是诸如'从天而降'、'上天的勇士'或'天赐'。"

智者回答道："叫'天理不容'怎么样？"

— 3 —

"病态领导力"和他的追随者

我是智商最高的人之一——你们都知道！请别觉
得愚蠢或没有安全感；那不是你们的错。

——唐纳德·特朗普

我觉得我着实很谦逊。我觉得我比你们知道的谦
逊得多。

——唐纳德·特朗普

弗兰克·卡普拉的奥斯卡获奖影片《史密斯先生到华
盛顿》是一部关于个人运动反对不诚实政治的作品。主演
詹姆斯·斯图尔特扮演的是一个普通百姓。他是个天真而
自觉的理想主义者，坚定地与美国参议院的腐败政治作斗
争。即使受到狡诈的政客们的欺负和贿赂，他依然坚守他

的价值观和社会信念，最终获得了胜利。史密斯先生创造着人道的差异。

现在，特朗普出现了。因为他的独裁统治很有吸引力，他象征着独裁行为和自我迎合，而不是社会正义。在人格理论中，他也是具有英雄色彩的例子，是自恋型人格障碍和心理变态行为的混合体。他曾表演过世界上最大的真人秀。

一般来说，自恋型人格障碍者具有夸张的自负感。他们的世界以权力、成功和抛头露面为中心。他们夸大自己的成就和才能，他们自大、以自我为中心、善于操纵他人。而且他们有很强的权力意识，总是期望受到特殊的待遇。此外，许多自恋狂还缺乏同理心。在这张无比自信的面具背后，我们常会发现一个有着脆弱的自尊心、因极小的批判便会受伤的人。

从心理变态方面来说，他们中的大多数可能会表现得很正常，甚至很迷人，但也会做出持续的反社会行为。他们缺乏道德心和同理心、无法信任他人，这些特点造成了他们掠夺性的生活方式。他们利用情感来操纵他人，很少或不会为那些陷入他们毒网的人感到歉意和悔恨。（我将在

第4章里具体讨论这两种行为模式。)

特朗普分毫不差地符合这种邪恶的二联体。这个具有混合特质的国王会自我膨胀、失去平衡，一旦察觉到来自反对他的人的轻蔑、攻击和诋毁就会变得高度自卫，他也因此而闻名。怨恨、嫉妒和恶意只是他的一部分特征。他对他人没有同理心，对事实很淡漠，面对他觉得不愉快的信息时有"不倒翁"般的应对能力。他还乐于斗争。与人斗争时不论如何都要赢，这使他感到充满活力。正如我前面说的，如果是在香蕉共和国的办公室里，他的这种行动是不会产生多大问题的。但是我们讨论的是世界上至关重要的国家的最高层办公室。他的总统职务不仅影响着美国，还影响着地球上的其他国家。我们希望让这种人来控制核按钮吗？

特朗普就是这么一个人。更大的谜题是，为什么他能够得到那么多人的热情支持？特朗普，一个受过伤且心理严重失常的人，对于成百上千万美国人却很有魅力。是什么潜在的心理和团体动力在起作用？更深入地去研究这个问题，我们就能发现以下因素，比如衰退、依赖、理想化、相信的意愿、分裂和认同攻击者。

从进化心理学的角度看，我们把在领导位置上的人奉若神明，这种倾向深深地嵌在人类的灵魂里。影响因素可能是我们的进化史——在*智人时代*的早期，为维持生存而产生的、延续千万年的发展规则。每当我们想起旧石器时期的祖先，就应该提醒自己他们曾在重重危险中生存过。因为弱势，他们无疑很需要救世主。这种进化过程也许可以解释我们为什么会有倒退回去、委身于大头领统治的原始倾向。

用更进步的观点来看，也可能是婴儿时期的经历强化了倒退回依赖状态的做法。小的时候，我们比较无助，所以相信父母是无所不能的。在个人成长的过程中，我们不断理想化并认同那些能干的、受人钦佩的人。最后，作为成长过程的一部分，我们逐渐明白依靠自身资源的重要性。然而在危难时期和身负巨大压力的时候，我们常常会倒退回过去的依赖模式，寻求强大的人来指引我们，并在需要的时候拯救我们。

鉴于我们的由来，对救世主的渴望是我们心理结构中不可或缺的一部分。如果社会和文化组织分崩瓦解，强大的领导者就会愈加有吸引力。身陷不确定、焦虑和恐惧的情感旋涡时，我们在思想和行动上会变得不那么有选择性；简单说，我们会变得很容易受骗。我们会退化到用孩童的方式去感知、感觉和思考，甚至放弃个人责任。在这种情况下，富于手段（擅长把事情简单化和戏剧化）的领导者就会依靠这些弱者崛起，标榜自己是希望的使者。

而且特朗普知道如何用他的领袖魅力、个人魅力和恶名来提升自己的理想化形象。理想化是一种防御机制，它让人高估某人的良好素质，低估他的局限性。这种防御机制也产生于人们的儿童时期，他们通过发展理想化的人际交往策略，试图克服弱小、不足和孤立感，从而抵消无力感。但是当我们陷入这种英雄崇拜时，我们会把一个人的优点最大化、缺陷最小化。我们会坚守不切实际的信仰，相信总有一个人有能力让一切好起来。这种倒退的心理部分上解释了为什么"特朗普狂热者"会无视他惊人的缺点，一如既往地拥护他。

特朗普还鼓励大家痴心妄想，就是秉持充满希望但没有实际基础的信念。如果我们受到蛊惑，愿意相信这种模式，我们很容易找到支持现状的证据，并把相反的证据过滤掉。这也是确认偏见，即寻找信息来确认已存在的信念。

通过做出虚幻的承诺，特朗普那样的人成为骗子，把空洞
的承诺编织成诱人的故事。

特朗普的另一个特质是他的分裂才能。分裂（有时也
称"孤注一掷"思维）的意思是把信仰、活动、行动、人
都两极化，换句话说，就是把世界看成非黑即白的。它意
味着珍惜绝对的东西，而不把个人、情况和问题的正反两
面结合成一个紧密相连且实事求是的整体。分裂很有诱惑
力，因为它能为非常复杂的人类境遇提供简单且单纯的解
决方法。在特朗普那类人的兵工厂里，这种分裂和征服策
略是用来操纵和控制认同他们的人的卓有成效的战术。

谄媚剧院

把特朗普这样的人理想化只是一回事，但是这个过程
会在认同攻击者的心理进程中进一步发展（参见第 5 章）。
虽然特朗普的极端个性和想法可能会吓着我们大多数人，
但还是有些人会被他似乎要提供的保护所吸引。他们不把
他视为敌人或威胁，不抗拒或挑战他的位置，反而试图去
喜欢他、接受他，由此克服恐惧。在美国联邦调查局前局

长詹姆斯·科米①的观察报告中，特朗普被比作黑手党头目。他这么描述总统周围"默默无闻的赞同圈子"："首领控制一切。忠诚的誓言。'我们对他们'的世界观。坚持忠诚的原则，事无大小，全都说谎。"如果特朗普的朝廷严苛到这种地步，谄媚也许是最明智的生存策略。然而黑手党首领的类比可能不完全合适。现在的白宫看上去更像中世纪的宫廷，在特朗普和他最亲近的家庭成员有些偏执的眼皮底下，朝臣们拉帮结派、争抢着表达忠心。他们基于自己的处境，归结出在特朗普的特殊统治下唯一的生存方式就是把恭维奉承发挥到极致。

一直以来，特朗普核心集团里的人都在争先恐后地阿谀奉承，到了无与伦比的创新程度。例如，开朗的白宫发言人鲍尔·瑞恩称赞特朗普有"优雅的领导力"。参议员奥林·哈奇宣称："我一生中最大的荣幸，就是和我如此爱戴和欣赏的美国总统一起站在这片白宫草坪上。"斯蒂芬·米勒（特朗普的主要助手）说："我看到了一个政治天才。"不过，还没有人达到像副总统麦克·彭斯那样卓越的谄媚高度，他感谢特朗普"创造了奇迹"，"重建了美国人在世

---

① 科米（2018）.

界舞台上的信用，激起了史无前例的乐观主义"。彭斯还满怀善意地添加了画龙点睛的一笔："为总统服务是我毕生最大的荣幸。"

谄媚文化对于最优秀和最聪明的人是没有吸引力的。恰恰相反，更麻烦的是，参与谄媚的通常是那些个性更加阴暗的人——机会主义者、懒人、渴望权力的人，甚至是精神变态者和反社会者。谄媚者会把渴求奉承的人看成金钱、权力和影响力的潜在来源。奉承具有影响、腐化、破坏、欺骗的作用，这些阴谋家正利用了这一点。他们把被奉承的人看作可随意采摘、自由取用之物。在他们手里，奉承会转化为对付无辨别力的人的致命武器。

一旦领导者堕入奉承的魔咒，就会出现很多风险。在自恋需求的趋势下，他们也许不会注意到隐藏在下属谄媚行为下的计划，不会知道他们不可告人的目的。更糟的是，（有意识或无意识的）奉承一般会持续存在。持续不断的奉承会植入潜意识中，进而带来毁灭性的后果。难怪它会使现实检验失效、创造出虚伪的世界。在那个世界里，重要的决策也会沦为次等。

而且，人们巴结特朗普和别的专权者（同时努力表现得很真诚）时，也丢失了部分自我。奉承是以真实性为代价的，行动在很大程度上受到个人私利的驱使（即使对他们为之工作的人有一点同理心）。当然，我们可以辩称为了在组织生涯中得到成功的机会，我们无从选择，只能依靠一定的阿谀奉承，让位高权重的人喜欢并重视我们。然而惊人的是，多少"特朗普团队"的成员竭尽全力在名誉和尊严中寻求妥协。考虑到特朗普的许多不当行为，为他服务的意愿已经变成了一场严肃的品格测试——通过这个测试的人需要付出高昂的道德代价。

当领导者对谄媚行为习以为常，就会把深思熟虑后的行动抛之脑后。趋同思维开始蔓延。这种现象表现为群体内的成员急切地相互赞同。这样一来，做出决策的过程变得没有挑战性，最终决策的质量也很低。趋同思维占上风的时候，取悦掌权者就会变得比做出最佳决策还重要。渴望向权力层吐露真言的人受到强有力的阻挠。任何形式的不同意见都不被接受，还背负着受惩罚的风险。为了生存，那些向"大人物"汇报的人都压制自己，不表达怀疑、判断或与众意相悖的意见。他们无条件地接受领导者和他的核心集团传播的"神旨"。更危险的是，领导者和他的核心跟从者也许不会质疑道德上可疑的决策和行动。群体决策只要能推进工作，它的道德后果就可以被忽略。

此外，自恋的领导者还经常创造"社会达尔文主义"式的环境，在那里的每个人都只为自己打算。适者生存的心态是偏执和焦虑的繁育场。令人畏惧的文化让人们诉诸社会防御来应对职场的压力——对不易处理的情感、话题和关系视而不见。他们回避这些，创造出明确和安全的假象。而在现实中，他们无意识地勾结起来以抵御弥漫在工作中的压力。不幸的是，这种保护是以执行真实任务为代价的，也阻止了他们采取多种有建设性的行动，在一开始就从源头上消除压力和威胁。

正如我们大家所见，世界上的特朗普们已经很成功地利用并操纵这些复杂的心理动力学。他们娴熟地传播谬误、夸大信念，创造集体性的错觉和依赖。他们懂得如何利用对他们有利的大众传媒、谣言、文化信仰和陈词滥调。他们擅长利用暗示的力量，知道如何用他们独有的扭曲方式去重新定义事件和情况。他们制造出神一般完美的假象，引诱人们飞蛾扑火。不幸的是，追随者们不经自主思考地相信如此富于手段的领导者所创造出的集体错觉，无法辨识自己走上的毁灭性道路。追随者全心全意地想要相信他们描绘的景象——无限的权力、帝王般的庄严、令人敬畏的权威，如此也就看不到这些领导者真正的主张及其带来的长远的后果。他们愉快地握手，牢牢地黏上了这笔浮士德式交易，而忽视了最终将要付出的高昂代价。例如对于非美国人和许多美国公民来说，美国的总统真人秀已经变成了一个怪异而恼人的荒诞剧场。美国人一直在维护世界秩序方面起着重要的作用，然而现在我们却面对着非常倒退和令人烦恼的行为。

集体焦虑

被特朗普这样的人吸引也许反映出了美国梦里潜在的焦虑和愤怒。好几十年以来，美国梦的幻想都是美国人内心风景中的重要部分。这个梦境把美国看作一片有无限机遇的土地，在这个地方，只要愿意努力，无论男女都能获得成功。它描绘了穷人一夜暴富的故事，比如报童成了百万富翁。美国梦中另一个重要的部分就是人们相信他们的孩子将会过上比他们好的生活。这个梦不仅代表着对安全、

财富、物资充裕的追求，也代表了自我实现和个人成就的
中心原则。

但是美国梦中的某些东西已经严重变味儿。对许多美
国人来说，生活没有变得轻松，而是更加艰苦了。每一代
都会过得比上一辈好的信念正在迅速消亡。[①] 如果研究人口
统计趋势，我们会发现美国的中产阶级人数在稳步下降。
对很大一部分美国人来说，生活成本在上升，收入、净值
和工作质量却在下降。对不少人来说，连糊口的最低工资
和退休后的保障也成了白日梦。几年来，企业规模缩小、
裁员、制造业转移到国外，以及低工资的服务性工作的增
加，都改变了就业市场和生活条件。严酷的新现实是，许
多美国人觉得付账单都困难，他们的孩子出人头地的可能
性也很渺茫。如今，大学教育需要相当大的财力支持，面
对堆积如山的债务，许多学生终止了学业。与此同时，针
对 1%（财富位于前 1%的人口）的人的调查显示，富人变
得更富有。[②] 顶层 CEO 的收入至少是中层雇员的 300 倍
（参见第 11 章）。现在，美国家庭中最富裕的 10%掌控了全

---

① 皮尤研究中心（2015）.
② 皮尤研究中心（2015）.

国近75%的财富。① 技术和全球化完全没有改善普通人的生活，它们减少了对蓝领和中产阶级的雇佣需求，看似破坏了很多美国人的生活。社会流动也停滞不前。

这些社会发展影响了大部分美国人的精神状态，让他们感到不公，感到被剥夺了公民权。许多美国公民对华盛顿政客在政府、教堂、法律体系、企业界等领域跨行工作表示愤怒。② 很多人对他们的政治代表的信任也消失殆尽。这种由特朗普和他的小团体带来的极端退化的政治定位反映了人们对于现状和未来的焦虑。

我们不该打消这种顾虑。遗憾的是，许多美国人的话语里道出了大量的真相：他们的政治体制正在被非法操纵，许多政客不对人民而对华尔街和大捐资人感恩戴德。可以说，超级行动委员会的存在表明美国的政治体制已经出现了大问题——美国梦确实只是一个"梦"。难怪那么多选民在寻找超脱于美国企业特殊利益的人；难怪我们看到民粹主义候选人的崛起，尽管他们传达的信息可能不太恰当。他们具有煽动性的、极端的宣言恰恰表现出选民们对与他

---

① 全球研究（2015）.
② 《时尚先生》杂志（2016）.

们生活相关的事物毫无影响力。这也解释了为什么反体制的政治煽动家和特朗普那样真正的大骗子，即使不为复杂的世界问题提供任何实质的解决方案，也能上台执政。

行骗的艺术

盖塔诺·多尼采蒂的流行歌剧《爱的甘醇》中，有一个很引人注目的人物：骗子旅行艺术家杜尔卡马拉博士。他是人性弱点的鉴定家。他把包治百病的假药装瓶卖给相信他的人。每个人都被他催眠式的销售言辞和滑稽的效果吸引。不幸的是，这种行为不只存在于喜剧和歌剧中。特朗普就是如假包换的杜尔卡马拉。他们都是在民众的焦虑中发展壮大的。

在他们（有意识或无意识地）试图煽动群众的过程中，杜尔卡马拉型的特朗普鼓励美国人以和他们各种欲望一致的方式来解释现象。他们都是狡猾的江湖骗子，让民众相信他们想要相信的东西。在挑选出的媒体渠道的帮助下，他们暗中鼓励部分美国人去听支持他们立场的辩论，同时减少他们不想听到的东西。就这样，偏执、保护主义，还

有对也许从没真正存在过的过去的缅怀，正在抬起他们丑
恶的头颅。

危险信号

那么，识别骗子有多难？糟糕的是，他们以各种各样
的形态出现，看上去和其他每一个人都差不多。不过话虽
这么说，当我们真正遇到这种精神病人格时，还是会有一
些可以警告我们的预兆。首先，如果有人吹嘘自己的资历，
我们就要警惕了。骗子不仅夸张地描绘他们的成就，（对他
们有利的时候）还善于让我们感觉很特别。要提防他们展
现出的领袖魅力、个人魅力和吸引力。如果他们的故事听
起来好得不真实，我们也要小心，时刻倾听你脑中怀疑的
声音。而且骗子在冲突中壮大，他们喜欢创造紧迫感。所
以不要诉诸快速做出的决定。即使被催促，也别着急。重
复格鲁乔·马克思说过的话："生活的秘密是诚实而公平的
交易。如果你能在这上面作假，那你已经做到了。"骗子总
能逃脱他们应得的惩罚，因为被他们欺骗的人对自己的盲
目和天真感到羞愧。

　　我用特朗普的一桩逸事来结束本章。就在特朗普颁布另一项反奥巴马条例的第二天早上，三名当地民主党人表达了对特朗普政府的不满。

　　他们中的一个说："他是个傻瓜。"另一个补充说："他是个好色之徒，把女性玩弄于股掌之上。"第三个也说："他是个小偷，偷人钱财。"

　　就在那时，不知从哪里出现了一个警官，他说："好啊！我听到你们这些民主党人怎么说特朗普了，我要把你们直接送进监狱。你们竟敢侮辱总统！"

　　"特朗普？"一个民主党人说，"我们谈论的是弗拉基米尔·普京。"

　　"这样，"警官说，"好吧，下次注意你们的措辞。我是说，我听到你们说傻瓜、好色之徒、小偷，所以自然而然地猜测你们说的是特朗普。"

　　我说过，人会得到与他们相配的领导者。我们只能期待在美国，清醒的头脑终会获得胜利。

— 4 —

丑陋的美国人

美国之所以伟大，是因为她好。如果美国不再好了，她也就不再伟大了。

——亚历西斯·德·托克维尔

如今的一个主要问题是，政治是莫大的耻辱。好人不会踏入政坛。

——唐纳德·特朗普

我们很容易，有时甚至会不自觉地把人群分类。这样做使我们的生活变得容易。以欧洲的金字塔形模式为例，有一种半开玩笑的说法是，地狱被描述成这样一个地方：在那里，德国人是警察，英国人是厨师，法国人是机修工，瑞士人是情人，瑞典人是喜剧演员，荷兰人是时装设计师，希腊人管理政府，意大利人组织一切。这个异想天开的景象说明了墨守成规是一种简便又相对快速地理解他人行为的方法。它是一种认知和情感的捷径，依靠相对简单的概括，减少了必需的脑力劳动量。

也许这样的分类不够全面，但刻板印象往往根深蒂固。它用讽刺的手法描绘了集体人格具有恒久的魅力。然而当我们开始基于这个模式来看人的时候，真正的危险出现了。

观点塑造者，比如政治领袖，在他们的演说中常常依靠并强化模式。因为所处的职位，他们行为的影响力是非凡的。我们经常用一国领导者的行动来代表那个国家国民的特征和信仰。例如意大利前总理西尔维奥·贝卢斯科尼，他的行为举动强化了我们对意大利人固有的看法：淫荡、纵欲过度（暗指贝卢斯科尼的性爱派对）、民风腐化、与黑手党同床共枕。可以说 20 年来，贝卢斯科尼作为意大利政治体系的中心，给该国的品牌形象带来了非常负面的影响。一个领导人成了"丑陋的意大利人"的象征。他无疑强化了这一现存的刻板印象。

意大利或许是世界舞台上的重要国家，但它哪方面都没法和美国相比。美国在经济和军事领域都是世界上最强

大的国家，所以美国一直是个引人注目的模式化对象。我
们总会兴致盎然地争论美国的"品牌"是什么样的。

1958 年，威廉姆·J. 莱德勒和尤金·柏迪克发表了小
说《丑陋的美国人》后，"品牌"成了人们的关注点。这是
一部关于美国外交使节团造访虚构的国家萨尔汗（很容易
让读者认出就是越南）时的奇闻逸事集。小说突出了美国
官员在应对萨尔汗的文化和当地民情时有多么无能。他们
的行为反映了美国人在国外时以美国为中心的狭隘心胸，
体现了美国人的无知、无度、无能、无礼。

这部小说曾是美国的畅销书，它对美国外交政策进行
了毁灭性的控诉，由此产生了深远的影响。在美国的政策
制定方面，它比其他任何一部政治小说都有影响力。而且
《丑陋的美国人》在出版时还受到了（当时还是参议员的）
约翰·F. 肯尼迪和另外几位重要人士的赞赏。肯尼迪非常
喜欢这部小说，他还在《纽约时报》上刊登了一整页广告
竭力推荐，称这部小说令人折服地批判了"因国家机关事
务去国外的美国人、他们在国外的活动，以及他们被委托
去执行的政策"。随后，肯尼迪还把这本小说当作对负面刻
板印象的警示，送给参议院的每个人，希望会对他们制定

政策有所影响。

六十年后，唐纳德·特朗普总统就是《丑陋的美国人》真人秀里的明星演员。领导者举办性爱派对是一回事，掌控核按钮的人是个精神失常的人则是另一回事。特朗普执行对外政策的方式重新展示了《丑陋的美国人》。除此之外，特朗普时代还让人想到另一部有影响力的政治小说——乔治·奥威尔的《1984》。这部小说因特朗普再次登上畅销书排行榜。他声称美国是个反乌托邦社会。在这样的社会中，外来敌人的威胁一直存在，过于简单的二元口号替代了有见解的辩论，谎言成了另一种事实（或仿真陈述），精神和现实操控取代了证据和历史性真理。

从乔治·华盛顿到巴拉克·奥巴马，没有哪一位美国政治领导人表现得如此不称职、冲动、蔑视领导职责。难怪许多政治分析师描述特朗普是"唯一没有资格"当美国总统的人，因为他缺乏政治经验，缺乏国家政策方面的知识，缺乏注意力，不愿学习或听取好的建议。特朗普自负、欺凌弱小，是个冥顽不化的说谎者。他酷爱大发雷霆，热衷于打击报复。现代历史上的其他美国总统都没有表现出这种程度的病理特征。他滑稽演员似的行为使得有些人称他是管理大木偶剧场的"首席小丑"。

全世界都用怀疑的眼光看着特朗普领导一场非常危险的新型真人秀。尽管特朗普有种族歧视，还贬低妇女、举止无礼，但是共和党领导者们（这么说的话，还有许多外国高官）都太会投机取巧，不敢反对他。他们知道，在特朗普的统治下，靠谄媚就能成功。低人一等和阿谀奉承是生存的关键。

如果有意想不到的外人承诺要击败这个体制，我们应该会拍手称快。很多美国人钦佩特朗普和他所说的"抽干沼泽"的美国政治使命。然而他在承诺挽救经济的同时又尤其痛心地宣布自己在生意上损失了近十亿美元，他还更痛心地吹嘘自己"机智"地逃避了缴纳几十年的基本所得税。特朗普仍在逃税，而民众却还在继续相信这个丑陋的美国传说。

很多人内心深处知道自己正在被骗。但是尽管有压倒性的证据表明特朗普在愚弄民众，他们依然难以承认这个事实。不幸的是，很多人成了这种骗局的自愿受害者。大骗子的本领是他们不强迫别人做任何事。相反，是受害者自愿相信这个骗局，有些甚至会自愿传播这个骗局。然而在被伤害后，他们就更不容易承认自己做过骗局的受害者了（认可共和党的领导）。

就像我在第 2 章里写的，特朗普那样的骗子在危机、过渡、变化的时期发展壮大，因为那些时候人们把希望寄托在看似救世主的领导者身上，自己则做出依附的姿态。骗子煽动并放大危机，从而维持他们的权力。反乌托邦景象越生动，人们的恐惧感就越强，也就更容易受骗。骗子用民众想要听到的承诺来迎合处于困境中的社会，与受害者建立情感纽带，让他们看不清自己正在受到怎样的摆布，让受害者相信只有他们关心自己的需求。

不难发现，特朗普成功地打动并回应了愤怒而疏远的选民们——他们对政府不满，也不对政府抱有幻想。支持他的是白人工人阶级的选民。这群人感到尤其弱势，因为他们的心理和财政资源有限，工作机会也在减少。特朗普知道怎样表达他们的诉求，并用极为简单的口号诱惑他们。这些口号能够拉拢群众，重整他们的情绪。他把人归类到不同的敌营，提出简单直截的处理方案，比如修建边境墙，这也使他免于面对和应付更复杂的世界观。特朗普在竞选活动时和入主白宫后，都表现出疏远穆斯林、印第安人、非洲裔美国人、西班牙裔、犹太人、战争英雄、美军遇难者家属、残疾人、妇女，甚至婴儿。不仅如此，他还不加节制地侮辱所有的民族，包括墨西哥人、瑞典人、加拿大人、澳大利亚人。特朗普看起来就像个极端丑陋的美国人。不过有一点是肯定的：由于他不可预测的行为，他自己，连同美国，都失去了朋友甚至敌人的信任。

虽然特朗普原有的支持者仍着迷于他的骗局，美国公民和世界各地的许多人都愈加被他的行为震惊。他公开的种族歧视、厌恶女性、粗野的种族主义与他们珍惜的价值观背道而驰。很不幸，在他的"鼓舞"下，一些国家的极端主义团体也开始仿效他。他们曾受到过移民潮的影响，也受到过全球化自由贸易的损害。特朗普的当选无疑使一些欧洲偏右翼煽动家更加大胆。

作为一个技术高超的骗子，特朗普不断告诉人民他知道如何重振美国。而且他是一个心怀恶意的自恋狂，他利用恐惧唤醒了人心最恶毒的一面。此外，特朗普还高调地推卸责任，离间他的支持者和所谓失败方的政客的支持者。这种分裂带给他力量。他在支离破碎的混沌中充当解答所有问题的独裁君主。

从品牌的视角来看，特朗普"重振美国"的目标产生了相反的效果。它没有增加重振美国的价值，反而强化了丑陋的美国人这一形象。世界上权力最大的人满口胡言、扭曲事实，把敌对和恐吓信息传递给全世界的人。特朗普的内心剧院里驻扎着真实的敌人，但也有很多是虚构出来的。正义和恶毒是他的指路灯，恐惧和分裂加大了他的阴暗面。

特朗普的小团伙不仅给美国国内带来了浩劫，还严重损害了美国在国外的名声。他在总统就职典礼时炫耀自己的领袖权威，声明"从今天起，我们要只把美国放在第一位，美国第一"，他打响了敌对的一枪，枪声回荡在全世界。特朗普的世界观充满了恐惧、偏见和怀疑，削弱了美国人在世界舞台上树立榜样的能力。

因为特朗普的观点自我又狭隘，世界各国的高级政府官员和企业高管都想方设法去了解如何应对这位难以捉摸、心理失常的领导者。但是他们也许要参加人格障碍的速成班，才能理解他的想法。

特朗普对事物之间的联系没有一个系统性的思维方式，他也没有意识到不能用商业投机中与人打交道的方式去管理国家（虽然在这方面他也不是很成功）。他似乎不愿承认自己生活在一个互通的、网络化的世界。在这个世界中，全球贸易不仅刺激了经济增长，还建立起国际桥梁。美国这样的超级大国有责任成为世界上其他国家的行为榜样。不论美国采取行动还是无动于衷，都会产生巨大的影响。特朗普的所有罪恶行径，就像《丑陋的美国人》和《1984》里描写的一样，都不是美国历来主张的。那不会重振美国。特朗普的统治越来越背离美国赖以建立的价值观。美国的伟大在于它懂得欣赏创造性的才能，这些才能来自移民工人、宗教自由、新闻自由、平等的机会、上进心、杰出的高等教育体制、企业家精神和无与伦比的创新天赋。美国的伟大体现在它能够与其他国家的人们友好相处，而不是做交易。正是这片"自由的土地"和"勇敢者的家园"带给了欧洲马歇尔计划，协助建立起联合国，鼓励各国去殖民化，勇敢地面对霸凌他国的国家。

我们一直希望特朗普能后知后觉，认识到重塑美国品牌形象的重要性，即使这个愿望遥不可及。然而以他的个性构成来看，我认为不太可能出现奇迹。当然，真正的奇迹是他离开白宫。显然，以他对政治的无知，他不会认识到民粹主义政权会造成经济衰退，也不会意识到他的行为举动表现出的狭隘吝啬。纵观整个世界，大多数国家的领导层都在用蔑视的眼光看待特朗普统治下的美国。

很多人仍然难以相信他真的入主了白宫。不论特朗普在国内是否受欢迎，显然他的领导风格无助于树立美国在世界上的品牌形象。

这里我用一个故事来说明特朗普那样的人会带来多大的危害。

一个人把另一个人带到当地法官面前，说："这个人散播有关我的谣言，对我的生意和名誉造成了巨大的损害。"

另一个人很快说道："我知道我应该为我的行为道歉。我想公开表示我的歉意，希望你现在能满意。"

"好了，"第一个人说，"感谢你的道歉。不过恐怕太晚了。你没法收回你说的话，也没法弥补你的谎言造成的损害。"

"胡说！"诽谤者反驳道，"我已经收回了我说的话，问题也就解决了。不需要再做什么了。"

法官听了这激烈的讨论，对诽谤者说："听着，如果你真的想为你造成的损失做点什么，那你明天到城市广场来，带上一个羽毛枕。"

第二天，诽谤者带着枕头来到城市广场。他把枕头递给法官。"把它撕开，"法官说，"在你的头顶上摇晃。"

羽毛四处飘散。

"很好，"法官说，"现在，你去把羽毛全捡起来，放回这里。"

"那不可能啊！"诽谤者说，"到处都是羽毛。风把它们都吹散了。到死我都捡不回来。"

"很好，确实如此。"法官说，"你没法收回你的话，就像你没法捡回羽毛。事到如今，全世界都听到你说过的话了，所以你要对自己说的话格外小心。"

— 5 —

自恋狂也有先天差异

我太聪明了，有时我连自己说的话都听不懂。

——奥斯卡·王尔德

大多数情况下，人只对自己有好奇心。

——约翰·斯坦贝克

罗纳德对自己很得意，他又一次行骗成功。和以前很多次一样，他还是逍遥法外。罗纳德所在的是一个狗咬狗的世界。活着就是为自己着想。许多交易非胜即负，大多数人不是赢家就是输家。他可不想当输家。其实，他觉得自己是个超乎寻常的交易者。他诡计多端、冷酷无情。如果你不利用他人，他人就会利用你。所以你最好为自己的权利而战！

尽管罗纳德有着黑暗的世界观，他还是能展现出迷人的外在。他喜欢制造热点、创造激情。别人想听什么，他就说什么，还夸张渲染，使人印象深刻。如果这么做不起作用，他还会掺进谎言和半真半假的事实，混淆起来以掩人耳目。

罗纳德常常为对手的天真感到惊讶。难道他们不知道履行协议是相对而言的？一纸合同不过是讨论的开端？

罗纳德知道人们指责他不择手段地操控他人。他无法控制自己，他能敏锐地察觉到对手的致命弱点在哪儿，他天生就知道如何使人互相争斗，因为在商业世界里他必须不择手段，不这么做就意味着软弱。罗纳德讨厌软弱。

罗纳德觉得没有必要为他的所作所为换来的丰厚利益道歉。他依靠暗地里一连串的成功交易，赢得了名流般的生活方式：金钱、车子、房子，还有赞赏。他的每个前妻都很迷人。

然而也有人恨他，说他报复心强、不值得信任。但是罗纳德认为这些批判极其不公，明显出自对他才能的嫉妒。

烦人的邂逅

你是否遇到过罗纳德那样的人？如果遇到过，你是否感到疑惑："这家伙到底怎么了？"

1964 年，著名精神分析学家艾里克·弗洛姆首先提出了"恶性自恋"的说法，并将其描述成一种使邪恶的精髓具象化的"严重的精神疾病"，是"邪恶的化身"。其他临床医生也参与了这一诊断。例如另一位精神分析学家奥托·克恩贝格把恶性自恋定义为"人所表现出的反社会型人格障碍的极端形式，恶性自恋者具有病态的浮夸，缺乏良知和行为调控，特别表现出对残忍和虐待行为的愉悦感"。恶性自恋者所做的是"情感上的强奸"，但即使出示铁证，他们也不会承认自己的所作所为。

话虽如此，我还是要强调，任何把他人的动机和行为分类的尝试都可能过于单纯和简化。我们常常在没有理解人类运作机能的环境和动力性质的情况下给人贴上标签。然而有时候，给具体的行为模式贴上标签会把人定位，特别是罗纳德那样的人，他们的操纵行为可能是矛盾而混乱的。鉴于这类人欺骗和恐吓周围人的方式，其他人需要知道是什么使他们这么做的，以免为时过晚。

弗洛姆和克恩贝格等临床医生认为，自恋型人格障碍很普遍，但恶性自恋却是一种不寻常的变体。从多方面来看，恶性自恋是两种人格障碍的结合。它具有所有自恋型人格障碍的症状，但形式更为极端。

对于自恋的文字表述比较含糊。在许多人所说的某些自恋倾向中，完全成熟的自恋型人格障碍（NPD）并不常见。根据研究，总人口中有 6.2% 的人（主要为男性）一生中经历过 NPD。另一些研究发现这个数值也许高达 10%。①

恶性自恋者在社会上所占的比重更小。有些调查显示，他们约占总人口的 4%。这两种类型的区别是，恶性自恋带有虐待狂的行为模式，或无缘由地以他人的痛苦为乐。定义恶性自恋者的关键特征是缺乏同理心。普通自恋者在寻求自私的欲望时表现得无情而暴虐，甚至有意伤害他人（可能有些许悔意），恶性自恋者则几乎或完全没有道德心。他们极为无情和暴虐，蓄意伤害他人，对自己造成的损害几乎或完全没有悔意。

---

① http：//www. apa. org/monitor/2011/02/narcissism. aspx

恶性自恋者会承认社会认为的"对"与"错"的区别，但他们已经忘记了这些区别的真正含义。他们不具备引导人际关系的社交情感，比如爱、痛苦、欢乐、厌恶、羞耻、内疚。他们不会感到懊悔，不会怜悯或同情他人。

加注：如果你觉得这些听上去更像反社会人格或精神病，你就大错特错了。（精神病和反社会者两词经常可以交换使用。有些人辩称精神病是天生的，而反社会人格则更多是由环境导致。）恶性自恋和反社会人格就像一对表亲，虽然反社会人格非常罕见，只占人口的 1%～2%。①恶性自恋和反社会人格的区别是，后者不寻求关注，且表现出更多的掠夺行为。总之，反社会人格不寻求关注，自然也不会接纳（至少不会出于自身原因去接纳）。然而恶性自恋者在得不到关注时会很痛苦，被拒绝时会深感受伤。而且他们公开表露情绪，而反社会者不会费神这么做。对于反社会者，关注和接纳不是目标和终点，而是达到目的的手段。

普通的自恋者权利意识明显，同理心较弱，可能会利用他人。恶性自恋者的这些负面特征要鲜明得多。他们脾

---

① http://citeseerx.ist.psu.edu/viewdoc/download? doi=10.1.1.578.2876&rep=rep1&type=pdf

气急躁、非常敏感、不会听取和接受别人的意见。然而恶性自恋者具有模仿的天赋，他们能迷惑他人，留下讨人喜欢的第一印象。但是长此以往，和他们打交道的人也不太容易受骗了。

克恩贝格和其他精神分析学家详尽地记录了恶性自恋者的计划能力。恶性自恋者讨厌枯燥感，而做长期计划是很枯燥的。不出所料，他们的行为目的集中在短期获利上。他们擅长抓住机会，却不善于考虑后果和下一步。恶性自恋者把交往的人看作竞争对手或猎物，因此他们终究会破坏他们所在的组织。

许多精神病学家推测，恶性自恋行为的起因是儿童时期遭受了极端的虐待；有些还认为这种行为有遗传成分，而儿童时期的创伤更加重了病症。[①]

接下来的问题是怎样对待恶性自恋者。他们能否被治愈，或至少得到有效的控制？很遗憾，我的精神治疗经验显示，虽然恶性自恋不像真正的精神病那么棘手，但是很难治疗。主要原因是恶性自恋特别擅长心理学家所说的"印象管理"。恶性自恋者能够灵活地变身，他们拥有多样

---

① 凯茨·德·弗里斯（2014）

的社会面孔，能扮演多种角色来操纵周围的人。试图帮助他们的人可能会落得糟糕的下场。最有可能的结局是被进一步操纵或受到更大的伤害。

而且这些情绪操纵者面对他们自身的不道德行为时，通常会诉诸愤怒、防御、强烈的报复心。他们几乎从不为自己的行为承担责任。事态严重时，他们总是把错误归咎于他人。无论费多大工夫让他们知道自己的行为方式是错误的，他们都会继续欺骗和操纵他人来达到个人目标。因此如果你不得不和恶性自恋者共事，次佳的选择就是奉承。这么做会让你感到出卖了自己，却也是最有效的办法。

当然，最好的办法不是走开，而是向反方向逃跑。记住乔治·萧伯纳的话："我早就懂得，不要和猪作对。你会被弄得很脏，而且猪就喜欢这样。"

说个悲伤而警世的故事。一个女人有个虐待狂丈夫，他喜欢折磨她胜过任何事。丈夫非常以自我为中心，完全漠视她的需求，和他一起生活就是场噩梦。女人生活在地狱里，每天都有新的苦难降临。有一天，妻子发现丈夫的态度有了翻天覆地的变化。他开始温和地对待她。"为什么你不从一结婚起就这样对我？发生了什么事？"

丈夫回答："好吧，我几天前听说，在这个世界受苦的人可以升上天堂。"

— 6 —

你认同攻击者吗？

攻击倾向是人类天生的、独立的、本能的性情，对文化构成了强大的障碍。

——西格蒙德·弗洛伊德

无人抵抗的攻击会演变成一种传染病。

——吉米·卡特

德里克是一家工程公司的高级副总裁，每个人都害怕他。他乱发脾气是出了名的。心情不好时，他会公然责骂任何挡他道的人。他喜欢施行极端的微观管理，让人难以忍受。除此之外，他还拿别人的工作成果邀功，令人深恶痛绝。不出所料，在这种领导风格下，他的下属长期提心吊胆，总在猜测自己什么时候会成为他的攻击对象。德里克的恶劣行径为全公司皆知，而且严重地打击了员工的士气。

最糟糕的是，德里克的领导风格还引来了模仿行为，他的一些主要助理人员也模仿他咒骂他人。和德里克一样，他们也学会了恐吓为他们工作的人。他们似乎成了自己老板的缩小版。

这种形式的模仿是一种被称为"认同攻击者"的心理行为模式。人在痛苦和压力极大的情况下，会模仿代表威胁的人。这种防御性的反应是人们通过变得像恐吓他们那样的人克服恐惧的一种尝试；这种失常的行为是一种心理创伤的表现，多见于处于弱势地位的群体。"认同攻击者"可以称得上是一种生存策略——一种能够克服强烈无力感的有效方法。

有两位精神分析学家把这种心理防御机制记录进了儿童发展的文献中。桑德尔·弗伦克兹发现了证据，证明受过失控的成年人惊吓的儿童会"遵从攻击者的意愿，自动把自己置于从属的位置"。安娜·弗洛伊德也说过："儿童通过模仿攻击者……把自己从受威胁的人转变成制造威胁的人。"

最轻度的"认同攻击者"也许能起到发展性的作用，可以看作一种健康的防御机制。它使人调整自我，以适应他们视为威胁的情况。在各种儿童游戏中，也能看到类似的行为模式。孩子们常常努力去打败他们害怕的东西，比如吓唬动物或怪兽，用的方法就是假装像它们一样可怕。孩子在假扮的过程中把焦虑转化成认同，更好地将自己武装起来去应对害怕的东西。

德里克的例子显示，长期向攻击者表示认同可能致使受害者成为攻击者。尤其是孩子，如果暴露于严重失常的童年环境中，成年后很容易将类似的负面行为模式当作生存策略。服从或遵从攻击者成了他们的自主防御方式。每当想起不愉快的童年经历，他们便会倒退回去，诉诸这种行为模式。他们从受害者变成施害者，把他们的无助感和创伤投射到别人身上。

令人困扰的是，诉诸向攻击者表示认同的人可能认不清自己的真面目。他们最终会一直戴着面具，强迫自己表现出虚假的自我。他们焦虑万分，高度关注恐吓他们的人。对他人的独断和威胁行为的超敏反应会加剧分离感（脱离身体和情感体验的感觉）、受虐行为模式、长期过度警觉，和其他人格扭曲。

19世纪60年代，斯坦利·米尔格拉姆的"恶毒"的实验极好地阐释了认同攻击者的普遍性。他让一组背景各异的志愿者根据指示，对他人施以逐渐增强的电击。这项研究显示，65%的参与者会遵循组织者的指示，准备随时给予他人最高程度的痛苦。（参与者不知道实验中出现的电击和痛苦都是模拟的。）

米尔格拉姆的实验显示，我们大多数人在面对强大且全副武装的人时，都非常愿意放弃自主权。我们可以认为，向攻击者表示（较小规模的）认同虽然很难察觉，但是在许多人的日常生活中普遍存在。有权威的人在我们身边时，我们会抛开自己的想法、感觉、观点、判断，转而按他们的期望去做，甚至按他们的期望去思考和感受。

斯德哥尔摩综合征是认同攻击者的极端例子。1973年，"斯德哥尔摩综合征"一词被收入词汇表。在此之前，瑞典首都发生了持续6天的银行围攻事件，武装的劫匪把四家银行的雇员劫为人质并加以虐待。被俘者对俘房者产生了错位的情感依恋，用这种方式在折磨中生存。

另一个例子是帕蒂·郝斯特和共生解放军（Symbionese Liberation Army，SLA）的故事。虽然帕蒂·郝斯特遭到绑匪的虐待和强奸，却认同了他们的缘由并加入组织，甚至参与了他们的一次银行抢劫。她在受审时被认为犯有抢劫罪。不过，美国总统吉米·卡特为她减了刑。后来，心理学家宣布她是斯德哥尔摩综合征受害者，比尔·克林顿总统赦免了她的罪行。

那么，我们如何抵御认同攻击者行为的发生？我们是否都容易受到这种退化行为的影响？

阻断这种欺骗模式的第一步是意识到我们落入了认同攻击者的圈套。但是，通常别人才能让我们认清现实。如果有人虐待我们，而我们却为这种行为辩护并为它找借口，这时我们已经落入了圈套，需要很了解我们的人看到并坦诚地告知我们正迷失在失常的行为中。

重要的问题在于：我们听到这个反馈后该如何理解？我们是否准备好面对我们正在转变成攻击者这个糟糕的事实？我们能否承认自己受到了蛊惑？我们是否准备好倾听并仔细思考他人的评论？

不论我们相信与否，脱离认同关系并不容易。作为人类，我们容易依恋那条捆绑我们的纽带，而且倾向于认同攻击者的人会用否定的防御机制来回避羞耻感和负罪感。长期暴露在可怕的老板身边会严重影响员工的性格，以至于离开那位老板的势力范围后，他们的性格变化还持续存在。如果是这种情况，大量的指导和治疗会帮助他们认识自己的行为根源。他们需要知道，他们的模仿行为源自人类基本的生存策略，还有一些复杂的心理动力也在起作用。只有识别这些动力的来源，才能控制它们。此外，朋友和家人构成的强大而全面的支持系统也是防止他们退化和重蹈这种行为模式的关键。

回到我在本文开头谈到的德里克的例子。他的助理人员也采取类似的行为模式，这是否是不可避免的？模仿德里克的行为是他们唯一的生存策略吗？应对这个世上的德里克，还有别的有效方法吗？

回答是肯定的。要想防御德里克这样的人，有一个方法是团结起来，建立支持小组。支持小组除了检查现状、防止成员认同攻击者，还能给人力量、使人安心。组织内外的导师和培训师通过给予支持、鼓励、建设性批评，帮助易受攻击的人抓住现实感。另一个前瞻性的方法是在组织内部建立政治网络，最终目的是除掉恶毒的老板。让组织里的其他人了解恐吓式领导作风的毁灭性后果。如果有足够的人意识到这种行为造成了人力和财务成本增加，组织里的高层人员也会注意到这一点，并迫使"德里克"承担责任。建立政治支持小组的同时，（如有需要）记录下恐吓行为的具体事件，以便在后续可能进行的法律诉讼程序中提供实证。这也不失为明智之举。

但是要记住，面对最糟糕的情况时，离开总是上策。也请记住马尔库斯·奥列里乌斯说过的："最完整的报复就是不模仿攻击者。"

关于认同攻击者，有一个具有道德寓意的短寓言故事。一天，狮子在灌木丛中散步，遇见了一头迪克小羚羊。狮子刚打算攻击它，小羚羊大喊："离我远点！我是动物之王！"狮子震惊地停下来。"你疯了吗？"他说，"太荒谬了，你只是头羚羊而已。你很清楚我才是动物之王。"迪克小羚羊说："什么？别开玩笑了。不管我去哪儿，动物们都会吓得逃跑。跟我来，我证明给你看。"

狮子跟着迪克小羚羊，很快就遇到了一群黑斑羚。黑斑羚看见狮子，惊叫着逃走了。然后它们遇上一群斑马，斑马也四处逃散。后来，它们又遇到了牛羚、长颈鹿、水牛，这些动物也做出了同样的反应。

迪克小羚羊转过头对狮子说："看到了吧？所有的动物看到我都逃跑了。验证了我的话：我才是动物之王。"

狮子恭敬地跪地行礼："确实如此，我都亲眼看到了。请原谅我之前想攻击您，陛下。"狮子继续走他的路。

7

恶霸的形成

勇气是火，霸凌是烟。

——本杰明·迪斯雷利

未经你的同意，没有人能让你感觉低人一等。

——埃莉诺·罗斯福

特德是一家大型媒体公司的高级副总裁。他因经常打断他人的演讲，公然威吓、冒犯、羞辱别人而臭名昭著。他爱挖苦讽刺他人也是众所周知的。如果有人说了他不爱听的话，他会毫不迟疑地冲着那人大喊。非常细微的事都能激怒他，为他工作如履薄冰。特德的工作习惯也不好，他常常对分配的工作做看上去没有意义的改动。他还规定无法完成的期限，设计害别人失败。加班是为他工作的原则之一。他发出的很多电子邮件和推文都傲慢无礼。不出所料，特德运作部门的方式给公司的士气带来了很糟糕的影响。许多为他工作的人都抱怨压力过大。缺勤率和人员流动率都很高。

一提到恶霸，我们常会想起小时候不得不面对的一些人，那些曾经在学校操场上欺负我们的人。不幸的是，霸凌在中学仍然存在。成年后，有些"成长中的恶霸"长成了发育成熟的恶霸。其实世界上充满了恶霸，工作中的霸凌行为比我们想象的更普遍。这种行为有时明显，但更多时候难以察觉。

工作中的欺负弱小可能表现为反复的情感甚至身体伤害。尽管严苛的老板与恶霸之间有清晰的分界线，霸凌的先决条件是意识到严重的权力不平衡。霸凌是一种故意操纵、贬低、控制、陷害他人的企图，不仅仅在面对面时才会发生。如今，随着网络霸凌的增加，通过数字手段的霸凌行为变得更加隐匿。

你是否怀疑自己在为恶霸工作？你是否经常感到被恐吓、批评和侮辱？你有没有被当着同事的面羞辱过？你受到过辱骂吗？你的努力是否常常被轻视？你害怕去上班吗？

还有更糟糕的，为你的老板工作是否让你觉得不适？如果你对这些问题中任何一个的回答是肯定的，你也许正在为一个恶霸工作。

许多组织都有"常驻"恶霸，那个咄咄逼人又爱支配别人，喜欢恐吓和侵扰在同一个地方工作的人。工作中，大多数恶霸都处于当权的职位，虽然有时候同事（甚至下属）并不反对霸凌行为。以下数据表明，霸凌是无处不在的。例如 2017 年美国职场霸凌研究学会评估了美国职场"虐待行为"的盛行率，这项调查的报告显示，有 19% 的美国成年人遭受过虐待，37% 的人（包括目击者）受到过虐待的影响[①]。尽管很多事件未经报道，至少一半美国职场人群在他们职业生涯的某个时候遭受过某种形式的霸凌，还有更大比例的人目睹过霸凌的场景。正如预期，霸凌对职场有抑制效应，甚至被称为"无声的传染病"。而且霸凌的对象会出现与压力相关的健康问题，包括抑制性焦虑、无端恐惧症，乃至临床抑郁症。有时，霸凌甚至会导致自杀。

恶霸的性格很难定论。还没有对于霸凌性格的具体定义，因为它有很多变种。例如霸凌可能与自恋型人格障碍

---

① http://www.workplacebullying.org/wbiresearch/wbi-2017-survey/

有关系，后者的特征是自视特殊、有权享受特殊待遇、剥削利用他人（详见第4章）。由于恶霸通常缺乏同理心，对自己的行为几乎没有或根本没有悔意，有人甚至将他们归咎于精神变态。总体来说，恶霸个性专制，他们强烈需要控制和主宰他人。但是他们为什么会这么做？

对恶霸令人不快的行为的解释之一是他们在寻找关注。恶霸的行为可以视为一种他们与别人产生联系的方式。即使得到的关注是负面的，那也是一种关注。恶霸因为令人不快的行为而被人注意，这让他们觉得自己很重要。他们喜欢被看得很强悍。由于他们内心对自己的能力没有把握，嫉妒、愤恨、感到受威胁也可能成为欺负他人的动机。这样的行为可以压制所有可能的对手。恶霸还有其他许多令人讨厌的特征，包括迷人的外表、不诚实、喜欢操纵别人、刻板、顽固、有强迫症倾向。他们通常缺乏同情心、克制冲动的能力和社交技巧。

心理学家卡尔·荣格说过："所有别人惹恼我们的事，都可以让我们更加了解自己。"恶霸把自身的脆弱感投射在他们欺负的人身上。他们否认自己的所作所为，还归咎于受害者，但是他们虚张声势的恐吓里隐藏着明显的软弱。

恶霸非常担心暴露出他们的失败和缺陷。因为惧怕丢脸和耻辱，他们通过贬低他人来获取力量。他们摇摇欲坠的自负意味着他人任何形式的批评和不敬都会立即冒犯他们，从而引发更多的霸凌行为。

和大多数失常行为的例子一样，霸凌通常也能在一个人失常童年中找到根源。在家里学到了这样的霸凌行为后，孩子也成了恶霸。他们的榜样常常是愤怒但不会处理冲突的父母。他们可能成长于缺少温暖和成人正面关爱的家庭中——家里没有固定的规矩，家人的行为方式是情感和身体虐待。这类行为对成长中的孩子有着不幸的影响。他们不得不以一切代价防止被视为容易欺负的人。而且在那样的环境下，霸凌行为不会产生后果，而是成了人与人产生联系的首选方式。孩子们通过霸凌行为，将被动转为主动。用这种方式成长的孩子想象他们会更好地掌控自己的人生。他们通过霸凌这种不恰当且不健康的行为，来补偿他们在家中未得到的关注。恶霸从不知道什么是恰当的行为，他们在情绪管理方面一无所知。他们的社会情境感知能力也很弱，会迅速地把他人的行为理解为敌意，即使实际并非如此。

霸凌是学来的行为，理应可以忘记。然而因为恶霸酷爱权力和支配，要改变他们的行为很难。而且霸凌已经被一些组织的文化所接受，在这种情况下，改变就更难了。高效能的组织禁止霸凌行为，而有些组织却鼓励霸凌。在许多组织中，存在着相当数量对霸凌行为的否认、合理化、默许，甚至容忍，尤其是把恶霸视为能人（创造较大利润的人）的组织。从这种角度来看，如果忽略这种恶性行为对组织产生的长期可持续性的严重后果，霸凌可能会成为一种保障公司成功的行为而得到奖赏。关于职场霸凌的调查显示，大多数员工发现霸凌行为时一筹莫展，拒绝采取行动[①]。问题是，为什么会这样？

即使组织领导层想要帮助恶霸改变，而不是解雇他们，也会面临严峻的挑战。要忘记已经学会了很长时间的行为是很难的，而且建立应对计划也不容易。当然，建立治理计划取决于霸凌是否是组织体系的问题。如果组织里存在隐藏势力，即社交防御结构，那么恶霸和受害者的状况不会有任何改变。

当治理计划开始实行，就应该清楚地告诉恶霸，如果

---

① http://www.workplacebullying.org/faq/

他们不改进自己的行为，就要承担后果。遗憾的是，恶霸的自我洞察力较低，也很难理解他人的感受。他们意识不到自己的行为带来的负面影响和损害。他们对自己的行为感觉迟钝，不考虑别人的感受，也不知道他们的言行伤害了别人。

不过，倘若恶霸遭到高级管理层的责备，他们一定会觉察出哪里不对劲。希望他们能意识到出了问题。一般来说，他们消极的思维状态不会给他们带来快乐的人生。有人认为解决方法是为恶霸引荐高管教练。不过在与恶霸的沟通方式上，教练必须很谨慎，一定要一步一步地来。但是在探索可以解释恶霸失常行为的潜在动力之前，指导者和治疗专家应先从表层开始，探讨一些能确保改变的做法。比如大家可以达成共识，以更积极正面的行为去替代消极负面的行为。当然，明智的做法是从较容易改变的行为开始。只要一个行为改变了，其他看似难以纠正的行为也可能发生改变。重要的是让恶霸认识到他们的行为对他人的影响，以及他们的行为会产生的不良后果，而他们应该为此负责。

对恶霸来说，两个重要的挑战是管理愤怒和控制冲动。

他们需要在别人的帮助下学会管理愤怒、伤害、挫折，以及其他强烈的情绪。他们需要找到更容易令人接受的方式来排解攻击性的冲动。运动可以作为一种方法。运动能鼓励恶霸发展社交网络、增强交友技能。他们必须忘记自己的失常行为，学习和人打交道的更有效的方法。要做到这些，他们需要依靠移情技巧，领会他人暴露在他们霸凌下的感受。角色扮演游戏也是有用的，即教练和客户轮流扮演霸凌者和被霸凌者。恶霸需要明白，失败者才欺负他人，损人不会利己。贬低和欺负他人不是成为强者的途径。

还有一个同样重要的问题，如果你是恶霸的欺负对象，你该怎么做？你会怎样应对这种情况？如果可以，最明智的策略当然是回避。但是如果行不通，你要应对的挑战就是不和恶霸周旋、不受引诱、不和他们同流合污、不沉溺在不良情绪中。如果恶霸得不到回应，他们可能会停止霸凌行为。不过，如果他们没有停下来，就有必要划清界限了。让他们明白自己的行为会被记录下来；如果不停止，他们会面临纪律处分。记录恶霸的行为时，请同事帮忙做证。不幸的是，在许多情况下，因为目击证人的沉默，霸凌才持续存在。然而视而不见是另一种形式的霸凌。与传统的身体和精神虐待相比，网络霸凌或许更加阴险，但反过来说，它能留下数字记录。这些文档能详细说明霸凌行为会怎样影响组织成员的工作积极性，可以用来给人力资源立案。呈现这些文件时，建立一个企业案例很重要。需要让大家明白，无论那个恶霸的资质多么优秀，留他在这里工作的代价太高了。如果你很不幸受到了欺负，明智的做法是在职场以外建立一个支持网络，来帮助你重获信心、尽快恢复。如果霸凌行为受到管理层的支持，而且成为企业文化的一部分，那么你的最佳对策就是离开这个恶劣的环境。就像人们经常说的，不是离开坏工作，而是离开坏老板。

这是一个关于霸凌的故事。从前有一个人，他的老板是个恶霸。不管他做什么，也不管他多么努力，老板都觉得他不够好。他一次次因为很微小的事被苛责。最近，他和老板因为出差起了争执，老板说他浪费公司的钱。相比于分别去三个地方出差三次，更有效的做法是从一个地方飞去另一个地方，周末在旅馆里准备接下来的工作。员工抗议说他的妻子身体不好，需要他照顾，老板却无视他的解释。

　　过了一段时间，有一天，老板突然在办公室大叫："我觉得很不舒服，给我请个医生来！"员工立即出去，很快带着一位医生和另外两个人回来了。老板问："另外那两个人来做什么？"他答道："您一直告诉我做事要有效率、要省钱省时，所以我把牧师和送葬人也一起找来了，以防万一您的病治不了。"

— 8 —
你对权力上瘾吗？

几乎任何人都能承受逆境，不过如果你想考验一个人的品格，那就给他权力。

——亚伯拉罕·林肯

权力会导致腐败，但没有权力绝对会导致腐败。

——阿德莱·史蒂文森

格雷格是一家大型金融机构的高管。他享受这份工作带给他的关注、头衔、地位、控制力和公认度。与其他有地位的人共事让他感觉自己也高高在上。他喜欢别人遵从、取悦自己。他喜欢参加瑞士达沃斯的世界经济论坛年会，置身于那种聚会中令他格外兴奋。这给了他与那些平时只能在媒体中看到的人物交流想法的机会。对格雷格来说，生活的重心就是权力和金钱。

由于所有这些荣耀和职位带给他的快乐，在他失去这份工作时，事情在一夜间发生了剧变，那绝对是巨大的伤痛。他哀悼自己以前的生活方式。曾经与他有联系的人不再对他感兴趣，好像他彻底隐身了似的。离开权力意味着离开公众焦点，远离商业决策；也意味着失去社会角色和随之而来的特权。格雷格开始认识到，他对组织事务的全身心投入，把他孤立在真实的人际关系和人脉网络之外。这也令他怀疑自己是否有真正的朋友。他的朋友是否都是只能同安乐而不可共患难？地位上的剧变让他开始质疑自己到底是谁，他感到困惑迷茫、筋疲力尽。

格雷格混乱的精神状态在家里也表现得很明显。他与妻子的关系也不再像过去那样，他们就像两个合住的室友。为弥补家里所缺失的，格雷格开始逢场作戏和一夜情，但这些风流韵事没有带来他渴望的满足感。他在一些企业的董事会担任非高管职务，试图以此代替他过去狂热的生活风格。但是这样做也没有带给他过去那样的兴奋感，即使他确实在做管理工作。他明白了他几乎没有可以利用的内在才能。他怀疑自己是否用灵魂交换了公认度、金钱和权力。

也许你觉得格雷格的经历与自己出奇地相似。那么，你会如何回答下列问题？

- 你喜欢告诉别人做什么吗？

- 你是否用头衔和资本净值来定义自己？

- 你是否总是喜欢获胜？

- 你喜欢随职位而来的关注和特殊待遇吗？

- 你喜欢给他人留下深刻的印象吗？

如果你对这些问题的回答"是"，那就提示你很容易被权力和随之而来的特权所吸引。但是即使如此，也别担心——并不只有你一个人是这样的，许多高管也会这么做。只是，你应当意识到权力带来的腐蚀效应。纵观历史，权力常常令人沉醉，使人得意忘形，从而造就了一个充满权力痴迷者的世界。在追求权力的过程中，许多人毁了自己。

这让我想到了另一些问题——既然权力对你如此重要，如果你不再拥有权力，你认为自己会做出怎样的反应？会不会做出与格雷格相似的反应？你能否应对失去权力？记得亨利·基辛格的观察吗？"权力是至高无上的催欲剂。"基辛格可是一个言语很谨慎的人。

尽管担任领导职位可能会很有压力，但也可以得到相应的补偿。就像格雷格的例子所说的，权力会给人带来巨大的快感。但是他的例子也告诉我们，追求权力会将人卷入浮士德式交易，令人做出将来会后悔的妥协。对权力上瘾甚至会导致自我毁灭行为的发生。

J. R. 托尔金的小说《指环王》的重要主题就是改变一个人性格的能力。我们看到了指环（它所具有的邪恶力量，远远超过它让人隐身的能力）如何腐蚀它的承载者。它每次被使用，对承载者的控制力也会随之增加。

指环腐蚀了斯密戈尔（故事的主角），使他逐渐变成了另一个人。变成戈伦姆后，他表现出的人格特征包括退缩、孤立、怀疑、愤怒，这些行为模式最终导致了他的死亡。连故事的主人公弗罗多也表现出沉迷的迹象，因为他根本无法依靠自己的意愿放弃指环。

对大多数人来说，权力意味着控制。鉴于这一先入为主的观点，我们可以假设谋求权力的人也在努力克服无力感。这种行为可以理解为弥补内心没有安全感的方式，也是对早年的不足、软弱、恐惧、不受喜爱或不讨人喜爱、卑微等感觉的防御，因此支配他人的意愿通常是一种伪装成强大的软弱。

世界上许多掌握大权的人都符合这种情况。他们中的很多人都在年幼时感到过被忽视或无助。因为童年时期遭受过极端形式的控制，所以他们也企图支配别人，这可以看作摆脱极端服从感的方法。由于早年的无助经历，他们随时准备着做任何事来确保不会再遇到类似的情况。精神病学家阿尔弗雷德·阿德勒曾详尽地阐释过，人在努力克服现实存在的或感觉到的自卑感的过程中，是如何变得沉迷于追求权力的。

除了个人发展的原因，追求权力还有神经化学方面的因素。控制他人会产生醉人的效果，增加睾酮的分泌。但是，睾酮（负责产生愉悦感的神经递质）及其副产物具有令人上瘾的特征，因为它们会增加一部分大脑奖励系统中多巴胺的供应。在愉悦的时刻或情况下，人体会分泌睾酮。它带来的美妙感受刺激人一次次去寻找他们渴望做的事。拥有权力会产生大量多巴胺，这也解释了为什么权力会使人上瘾。不过对多巴胺的渴望会刺激大脑去参与有建设性的体验，也会导致一些无法被社会接受的行为发生，比如滥用药物、滥交、赌博。

　　和对其他许多事情上瘾一样，掌权者付出一切代价去维持他们在权力游戏中得到的快感。然而过多的权力（意味着多巴胺分泌过量）会影响认知和情感功能，会使人少一些同理心，变得傲慢和冲动，引起判断力的重大失误并带来情感冷漠的风险。掌握太多权力的人最终会丧失现实感和道德观，他们可能会做出挑战伦理的行为。当人开始对权力上瘾，内心理性的声音就会停止工作。在意识到这点之前，他们都生活在回音室里，只相信自己的理念，并想象着自己永远是正确的。

　　权力常常吸引最坏的人，腐蚀最优秀的人。看看周围的世界，我们会发现拥有太多权力是很危险的。难怪在权力的腐蚀性影响下，随着领导职位重要性的增强，社会对道德权威和品格的要求也在增加。权力背负着责任。

　　不幸的是，由于权力会使人上瘾这一特质，如果一个人没有足够的智慧，就无法做到在掌握过多权力时也一样可靠。把智慧和权力结合在一起的尝试很少获得成功。权力越大，滥权的可能性也越大。很少有掌权者打算放弃权力。拿破仑·波拿巴当然不是那种人。他曾说："权力是我的情人。我费尽心力征服她，就不允许任何人夺走她。"因为权力会激活大脑的神经奖励机制，所以在拥有不受约束的权力时，人会失去舍弃权力所必需的自我意识，他们不会自愿放弃权力。引用亚伯拉罕·林肯的话："几乎任何人都能承受逆境，不过如果你想考验一个人的品格，那就给他权力。"可见权力会改变人性，能扭转最坚定的思想。

因此，由于权力会使人上瘾这一众所周知的特质，在领导者拥有很大权力的情况下，我们无法指望权力交接能顺利进行。让人对其地位放手是一件非常困难的事。大多数人（格雷格就是个很好的例子）觉得离开有权势的职位是相当难的。世界上满是这样的例子，显示出领导者放弃权力有多么难。终生总裁太多了。要防止滥权，必须建立制约和平衡机制。

在民主国家，司法权与行政权的分离以及媒体的新闻自由，都有一个根本目的：降低政治领导人权力成瘾的可能性。然而，商业组织面临着更大的挑战。大部分企业典型的组织结构设计都不建立民主体系。相反，在大多数企业，权力都集中在顶层，这使领导力很容易受到权力的毒害。

自上而下的组织结构设计的后果显而易见。商业领导者的世界充满了戏剧性。例如我们发现总裁冒险进行不负责任的并购，而组织很难从中受益。其他领导者为 2000 年代末灾难性的金融危机推波助澜，因为世界上的高级银行家和其他金融大师在衍生产品上下了巨大的赌注。高层管理人员的权力意识反映在他们过高的薪酬上（见第 11 章）。这样的例子我还有很多很多。

要防止商业界的滥权，就得像政界那样，把制度措施做到位。我们有传统的对抗势力来抵消头重脚轻的组织设计，它们的形式是印刷和数字媒体、工会、公民组织，有些国家还有工人委员会。配置 360 度的领导力反馈体制或组织文化审查，有助于识别潜在的权力上瘾区域。不过，除了这些，最有效的对抗力是有这么一种组织文化：员工可以对老板有合理的不敬，敢于发声，能说出自己的想法，让掌权的人脚踏实地。

当然，掌权的最佳人选是真正不想要权力的人。不过即使有这样的情况，我们也得问问自己：如果把权力强加给他们，他们还能否保持清醒的头脑？这让我想起了达摩克利斯之剑。

锡拉库扎国王狄俄尼索斯遭到敌人的包围，还经常受到暗杀的威胁。据说他住在一个被护城河环绕的寝室里，只准许他的女儿去给他剃胡子。

一天，一个名叫达摩克利斯的朝廷马屁精对狄俄尼索斯大加赞赏，大呼国王的生活一定非常快乐，以及他多么羡慕国王的财富、权力和幸福。狄俄尼索斯提议说，如果他想，他可以尝尝当国王的滋味。达摩克利斯兴高采烈地接受了国王的提议。狄俄尼索斯示意他坐到一张金色的长椅上，叫来一群仆人服侍他。仆人给他端来最美味的食物和葡萄酒，用最昂贵的洗液和香料为他沐浴。达摩克利斯简直不敢相信自己会这么幸运。然而当他在金色长椅上躺下，抬起头向上看时，只见一束马鬃绑着一把锋利的剑从天花板上悬下来，恰好在他心脏的上方。达摩克利斯从长椅上跃起，请求狄俄尼索斯的宽恕，并愿意放弃国王的特权。狄俄尼索斯用这种戏剧性的方式告诉他，伴随权力而来的是高昂的代价。统治者的生活看似光鲜，却充满了危险和不确定性。

— 9 —

(不)可能的任务：
对付自恋狂主管

自爱就像一条蛇，总会爬出来，刺痛任何偶然发现它的东西。

——拜伦勋爵

自恋的人总在与世界不是围绕他们转的这个事实作斗争。

——阿侬

乔治是一家大型互联网供应商的高管，也是我模块化领导力发展课程的参加者之一。他很有天赋，可是在小组里他却有点令人讨厌。他常常独占话题，不论谈到什么话题，他都摆出一副无所不知的样子。他很爱表达，喜欢上台为自己歌功颂德。大家都不认为他是个好的倾听者。只要有别人发言，他会很快变得不耐烦，并尽力把话题转到他更感兴趣的东西上。他还习惯在过度强调自己成功的同时贬低别人，这使他与其他人更加疏远。乔治向其他参加者明确表示，他认为自己比大多数人优秀。小组的大多数成员都不喜欢乔治，觉得他很难相处，对此我一点都不吃惊。

在高级管理者中，组织里最常遇到的人格类型就是自恋型（参见第4章）。通常来看，拥有自恋的性格——浮夸、自我吹嘘、自大——似乎是达到更高组织阶层的先决条件，但这种性格构成有它的缺陷。虽然自恋型人的冲劲和雄心对于推动组织前进可能很有效，但自恋性格和有影响力的职位（象征性的职位等）的结合会冲昏他们的头脑。过度的自恋行为会对组织造成严重的破坏，导致组织崩溃。

就像希腊神话里的那耳喀索斯那样，自恋的人非常关注自我，把自己看成宇宙的中心。许多自恋者的操纵和控制欲很强。只要合适，他们就利用他人满足自己的需要。在嫉妒心的驱使下，他们总是力求胜利，不论怎么做、要付出什么代价。他们像乔治那样，给人自负、自夸、狂妄的印象。正如我在第 4 章中描述的，他们的内心世界充斥着对于无限成功、权力、荣耀的幻想。他们夸大自己的成就，诋毁他人的成功。他们把自己看得很特别，只和其他特别的或地位高的人来往。他们还有很强的权力意识。如果没有得到自认为应得的特殊待遇，他们就会变得焦躁或愤怒。由于自私自利的心态，他们难以识别或认同他人的感受和需要，更不会自然而然地产生同理心。

因为自恋者的脸皮非常薄，他们很难承受批评。负面评价会唤起他们隐秘的不安全感、羞耻感、脆弱感和耻辱感，会使他们感觉受到了伤害。他们的反抗方式是大怒或蔑视，力图贬低其他人，做出一些使自己有优越感的行为。尽管自恋者给人非常自负的印象，然而事实刚好相反。在自信的外表下，内心深处的不安全感困扰着他们。他们的虚张声势是为补偿自己强烈的脆弱感所做的勇敢努力。

和大多数心理问题一样，自恋性格也没有一个明确的成因。生物、心理、环境等多种风险因素促进了它的形成。其中一个因素是人在早期有过不稳定或不可靠的亲代抚育、被忽视和虐待过，或是被父母、同辈、家庭成员过度宠溺。而且自恋会不断繁衍。在自恋的家庭长大对培养共情能力没有多大作用。因为青年时期的经历，处于萌芽状态的自恋者最终会缺少强烈而安全的自我意识，他们仅仅关注并夸大自己的能力和成就，变得无法接受他人的存在和需要。

从事辅助性行业的人总是发现自恋的人很难对付，因为他们的防御性很强。自恋者拒绝承认自己有问题，他们觉得，既然自己比其他任何人都好，为什么还要寻求别人的帮助呢？如果他们不承认自己犯过错，又怎能从错误中吸取教训？自恋的人几乎不知道他们的行为对他人产生的负面影响，也不知道他们的行为将如何损坏他们个人、职业和其他方面的运作机能。和自恋者接触密切的人以及忍受自恋产生的最严重后果的人最容易看出问题。然而和他们打交道的自恋者经常给他们洗脑，使他们也陷入不满足感中。试图理解疯子的意思会让你也发疯。

即使自恋者的确察觉到自己有问题，寻求帮助的行为也与他们心中强大而完美的自我形象相矛盾。只有当他们与他人沟通的方式开始严重地妨碍或影响生活时，比如离婚、亲子关系差、被解雇，他们才会想到需要做些什么。意识到问题并接受问题是通向解除痛苦之路的一大步。

人们已经在自恋者身上尝试过许多形式的干预。因为自恋是一种根深蒂固的人格特质，所以治疗通常需要长期的干预。帮助人更好地理解他们的行为、情绪、破坏性的想法，克服不良的自尊感和有限的自我意识，使对自我和他人更现实的期望内在化，要做到这些需要时间。还没有已知的药物或奇药能治疗自恋型人格障碍。（不过我也要说明，有这种人格障碍的人可能也有抑郁和焦虑问题，这些是需要药物治疗的。）

由于治疗自恋倾向的人很困难，我从举办领导力研习班的过程中得到了一些经验：使用特定类型的团队干预法能产生很理想的效果（参见第 20 章）。在小组环境中，彼时彼地的失常行为会更明显，也更多地被人议论。小组活动时，注意焦点从引导者转移到小组同伴身上。对于自恋者来说，来自同伴的反馈通常比来自小组指导员的反馈更容易接受。有些小组成员的重要性足以保证吸引他们的注意力。而且在小组环境中，烦扰的退化反应（诸如独占话题等自恋型的行为）会更易被控制，进而形成一个对付自恋行为更有建设性的环境。

如果小组指导者能创造安全有趣的过渡空间，那会成为有自恋倾向的人学会培养信任、探索界限、接受反馈，同时提高自我意识的环境。如果能有效地促进小组动力的焕发，自恋者的自我看法就会被揭开、反映出来，并被其他成员挑战，还有可能得到改进。在这个背景下，自恋者的同伴就能积极地面对有问题的行为，同时给予理解。来自小组成员的压力会促进自恋者适应小组的规范。小组里的同伴承担了执行者的角色，鼓励自恋者倾听和同情别人。

回到乔治的例子。在整个领导力发展研讨会课程中，如果他的行为不当，我会非常小心地不用太强硬的方式对待他。如果他对同伴的反馈表示吃惊或感觉受到伤害，必要时我也会理解他。同时，我允许他的同伴抵制他主宰谈话的做法，让他知道自己不需要总是充当教室里最聪明的孩子。而且同伴们清楚地告诉他，他们都有被倾听的需求和权利。随着时间推移，在小组成员的干预下，乔治慢慢学会了理解他人。他练习倾听的时候，也从别人的经历中学到了东西。他还发现，来自他人建设性的批评很有帮助，并不会摧毁他的自尊。

久而久之，乔治敞开了心扉，变得更加信赖他人。他学会了谈论自己的需要和感觉，以及为什么他会那么做。他还逐渐意识到他的许多期望是不恰当的，世界不是围着自己转的。他开始内化他人的一些行为模式，发现那些做法能更有效地应对人生的挑战。

当然，不论在小组环境还是其他环境中，对付自恋者永远是个挑战。有些自恋者无法容忍来自小组的压力，无法应对重要同伴的反馈，有些人甚至退出了。另一个风险是，小组中的其他成员因为厌倦了自恋者独霸讨论的做法而退出。也许他们觉得很难接受自恋者的权力意识、缺乏同理心、自我感觉特殊的需要。

我得说明一下，乔治之所以参与领导力发展课程，并不是因为他觉得需要对自己的自恋行为做些什么。根据我的猜想，他加入进来是为了磨炼他的领导技能，为了看看其他人能否感觉到他是个多么优秀的高管。不论他带着怎样的期望来参加课程，结果都是大不相同的。乔治不再把关注作为止痛药，开始认清他沉溺于被重视感的需求是多么危险。他没有找到荣耀，却找到了现实。

有一个关于动物的古老寓言故事说明了对付自恋狂的危险。老虎、胡狼和野猪一致同意互相帮忙寻找猎物。老虎咬死了一头鹿，让野猪去分肉。野猪小心翼翼地把肉分成一样大小的三份，让同伴们选择它们要的那部分。老虎非但不认可野猪做事的公正性，反而勃然大怒咬死了野猪，并把它吞进肚里。吃完后，他让胡狼再分一次肉。胡狼小心翼翼地把几乎所有的肉叠成一堆给了老虎，只留给自己很小一部分。

老虎非常满意，说："是谁把你教成了这么好的数学家？你很懂得如何让每一个人得到公正的份额。"

胡狼回答："我是从野猪那里学来的。他教会了我怎么做。"

— 10 —
在逆境中发展领导力

那些没有杀死我们的东西，会使我们更强大。

——弗里德里希·尼采

通过克服障碍得到力量的人，拥有唯一能够克服逆境的力量。

——艾伯特·史怀哲

人类所知的最卓著的文学作品之一就是《约伯记》，它写于公元前 17 到公元前 14 世纪期间。法国小说家维克多·雨果曾经说过，如果世界上所有的文学作品都要被毁掉，而他只能救出一部的话，那便是《约伯记》。约伯的故事讲述了要如何应对逆境，也是一个关于勇气和以善为力量的领导力的道德故事。

故事是这样的。古时候，有一个名叫约伯的富人，人们称赞他是一个正直、高尚的人。他无可指责、品行端正，总是努力取悦上帝、避开恶行。他依靠智慧和正直积累下财富。他虽然运气很好，但却一直很谦逊。他关心穷人和软弱无助的人所处的困境，通过劳动帮助别人。然而，撒旦怀疑约伯（未经检验的）的品德。撒旦深信人类只会受到物质主义和自身利益的驱使，约伯只是恪守信念而已，因为他遇到了那么多好事。如果把一切都从他身上拿走，他的真实品性就会显现出来。撒旦向上帝挑战，如果约伯不再受到上帝的保护，如果他失去拥有的一切，他就会诅咒上帝。然而上帝回答说，世界上没有哪个人像约伯那样坚定、清白、正直。

上帝为了表明他对约伯的信任，允许撒旦夺去约伯所有的财富。约伯家的牲口被偷走，仆人被杀死，他的房子被龙卷风毁坏，孩子们全部死于这场灾难。如果这些不幸还不够，约伯甚至患上了麻风病。但是即使经历了所有这些灾难，约伯也没有抱怨。他不屈不挠，对自己和上帝仍怀着坚定的信念。朋友们试图使他动摇，把他的苦难归因于上帝对他的不悦。但约伯拒绝承认，他知道自己没有犯下任何罪行。他没有失去希望，相信不久后一切都会恢复正常，相信自己身为一个正直的人会获得胜利。事情的确如约伯所愿，他所有的损失都加倍回来了。他又有了七个儿子和三个女儿，得到了原来两倍多的牲口，平静、虔诚、幸福地活到了老年。

约伯的故事讲的是忍耐、勇气和坚强，不是苦难和邪恶。约伯告诉我们不放弃和不屈服的重要性，即使是在最黑暗的时期。他还证明了逆境是一位良师。不经历逆境，我们无法真正了解自己，也不会意识到自身品格的局限。正如 C. S. 路易斯说的："苦难常常让普通人准备好应对不寻常的命运。"

像约伯那样的人是榜样。他们对意义系统有根深蒂固的信念。内在哲学给他们力量，帮助他们克服自己面对的困难。像约伯那样的人拥有自我效能感，相信自己的能力。他们积极的态度、调节情绪的能力、重新架构失败并将其视作发展和成长机会的能力，都会帮助他们克服遇到的任何障碍。有了这个内部心理控制点，困难来临时，他们就会知道怎样"坚持下去"。

举一个关于这种行为不同的例子：温斯顿·丘吉尔是

一位真正卓越的领导人，他于 1941 年 10 月 9 日，在他曾就读过的私立学校，为那些男孩子们发表了一次毕业演讲。那是一场具有重要历史意义的演说，一部分归因于它的短暂和简洁。伟大的英国首相走到台前对年轻的听众说道："永远不要让步，永远不要妥协，永远、永远、永远、永远不要屈服于除荣誉和理智外的任何东西。事无大小，不论高低，不论贵贱。也永远不要屈服于武力和敌人表面上的压倒性势力。"说完后他走下讲台，没有再说一个字。这段简单的话语至今仍保持着它的力量。

纳尔逊·曼德拉是另一个懂得如何应对逆境的伟大领导人。他被关押在狱中 27 年（1964—1990 年），其间的大部分时间都在罗宾岛上度过。夜里他睡在狭小而简陋的牢房里，白天在烈日下劳动，在石灰岩采石场凿石块。虽然遭受侮辱，他还是利用在狱中的时间进一步磨炼自己的意志力，并且坚持对人类尊严和平等的信仰。就像约伯和丘吉尔那样，他也没有放弃，坚持推进社会变革。他后来还谈到威廉·埃内斯特·亨利的诗 Invictus（拉丁文，意为"不败"）是如何在看似残酷的未来面前带给他希望的。这首 19 世纪的诗把生活描绘得困难重重，而非平坦完美。尽管如此，我们还是应该保持坚强、坚持信仰、不屈不挠，寻找解决方法。怀着这种信念，我们就有能力面对生活中的任何事，成为自身"命运的主人"和"灵魂的主宰"。

曼德拉为自己和他人诵读这首诗，以此保持对未来的信念。这首诗帮助他克服无助感和绝望感，帮助他忠于自己坚信正确的事业。他在苦难中考验并表现出自己的品格，成为南非和更多国家自由与民主的象征。正如罗马诗人贺拉斯所写："逆境可以激发才能，它只是潜伏在富足的环境中。"

像约伯、丘吉尔、曼德拉那样的领导者通过克服逆境，充分发挥了他们的潜能。挑战定义了他们，使他们强大，并激发出他们性格中最好的部分；逆境提升了他们作为领导者的效力。不过他们的事例也引出这样一个问题：我们能否效仿他人改变人生的经历培养出有胆识的领导者？

虽然性格是在人生早期形成的，但是日后的生活经历也起着重要的作用。有很多方法可以开发出道德指南，用来做以价值为基础的决策。许多成年人的经历——被设计过的抑或是意外发现的——都会有助于性格的发展。例如工作中的消极经历：得到令人不快的反馈、被解雇、被降职、错失晋升的机会，都能加强人的恢复能力和应对挫折的能力。当然，能够影响性格发展的积极经历也有很多。人们可以通过设计经历去塑造性格，在这些情境中，崭露头角的领导者将学会内化完成有效工作时所需的品质。这些品质包括自我意识、自我管理、正义感、秉信公正的流程、仁慈和谦卑，以及约伯、丘吉尔、曼德拉般的勇气。

在与高管的合作中，我发现有许多干预措施可以用来加快性格的发展。首先，高级管理人员可以利用自身的高潜能去完成需要做出艰难选择的任务。其中一种方法是给他们需要负盈亏责任的、有意义的工作。人们在参与活动时会真正学到东西。他们会犯错误，但错误是通往学习、成长和提高的重要步骤。应对这些经历的方式会让他们深刻地理解自己的强项和弱项。

另一个对未来领导者的性格形成有很大益处的学习经历是让他们置身于多方反馈的过程中。这些调研提供的反馈来自与他们一起工作以及社会交往很密切的人——老板、同事、直接汇报者、朋友、家庭成员，这些人能够建立起行为改变的转折点。这些反馈系统是非常卓越的工具，让未来的领导者能更好地了解自己的强项和弱项。对处于领导职位上的人来说，意识到什么有效、什么无效是至关重要的，使多方反馈系统成了鼓励反思、自我觉醒和性格发展的好方法。

效仿和学习模范高管也会促进品格塑造。陪同和观察经验丰富的管理人员并与之共事，从中学习处理棘手情况的最佳方法，是成年人的另一个强大的学习技巧。在此过程中，组织中的实际工作成了学习的背景。在这种情况下，高潜能的人有机会与他们的学习对象交谈，发掘最佳实践场景，获取有关他们能提高技巧和增长知识的反馈。而且通过观察高管正确行事，并渴望形成类似的品格，他们会明白哪些行为是有用的、哪些是没用的。

最后，在高管培训师和教练的帮助下，领导者的成长及其品格的发展速度也会加快。高管培训师和教练会指引高潜能的员工在组织里更高效地工作，帮助他们胜任需要新技能的新职务。培训师和教练通过提供关键领域的知识、意见和判断，帮助客户更好地适应能够影响和激励雇员所需的软实力，即沟通和建立良好关系的技巧。他们就像360度反馈系统那样，帮助高潜能员工获得更佳的自我认知，以便更好地了解自己的强弱项和应对逆境的方法。

考虑到我们的世界目前正在经历的惊涛骇浪——高层领导人的不稳定、欧盟的分裂、生态环境的恶化、战争、金融危机，我们需要发展品格完备、能够应对复杂和困难局面的领导者，他们是积极的力量。今天，我们比以往任何时候都需要拥有约伯、丘吉尔、曼德拉品质的领导者。

正如我在本书前几章节所讨论的，当今的许多领导者都陷入了夸大妄想中，充当愤怒的替罪羊，或者使狂热的迷信更具破坏性。许多人感受不到有道德的、价值驱动的、模范的领导力，却在看一场主角和配角都是小丑的、悲伤的超现实秀。

让我用一个道德故事来结束本章。很久很久以前，一位上了年纪的国王觉得过不了多久就要让儿子来接替王位，因此他让年轻的王子向一位智者学习领导力的基本要领。王子来到智者简朴的住处后，智者派他去森林里，让他观察和思考他在未来一年里看到和听到的东西。12个月后王子回来了，他描述了蟋蟀的声音、蚊子的嗡嗡声、乌鸦的叫声、鸽子的咕咕声和鹿鸣声。智者微笑着对王子说："回到森林里去，再听一次。"王子糊涂了，他觉得已经报告了他听到的所有声音，不过他还是照智者说的去做了。

王子日日夜夜更加仔细地聆听，开始听到了这些声音背后的声音：风声、叶子的沙沙声、雨水的滴答声，还有橡子掉到地上的声音。他回去后描述了他所听到的一切，智者非常满意，对王子说道："你开始听到听不见的声音了。明智的领导者需要听见没有传达的声音、没有说出的话语和没有表达出的忧虑。"

第二部分

— 11 —

两个组织的故事：
创建最佳工作环境

优秀是一门由训练和习惯铸就的艺术。我们行事正确，不是因为优秀或拥有美德，而是因为我们行事正确，才拥有了美德和优秀。我们每个人都由一再重复的行为造就了自己。所以优秀不是一种行为，而是一种习惯。

——亚里士多德

没有魔法公式能造就好的公司文化。关键在于你希望自己被怎样对待，就怎样对待你的员工。

——理查德·布兰森

XYZ 公司的总裁是个臭名昭著的控制狂。他的领导风格症候表现在所谓内部咨询顾问的数字上，那些被他保留在在职人员名单里的人让他随时知晓公司里发生的事。组织里的许多人把这个工作环境描述成"社会达尔文主义"，意思是每个人都为自己打算。信息是力量，保密是规范，没有透明度，团队合作也不存在。总裁要求所有的顶层经理人预先签订离职信，更加强了公司的偏执狂文化。他很享受自己创造的这种"排名与解雇"环境。他最爱的消遣就是给下属排名次，之后灾难会降临到那些发现自己排在最后的人身上。高管们会因为极轻微的违规被立刻解雇。他在开会时经常辱骂他的高管，甚至用亵慢的言语发表长篇大论。在这些侮辱人的会议上他很清楚地表明，组织取得的所有成功都归功于他个人的努力。

ZYX 公司则正好相反。他们做出巨大的努力确保组织里的每个人都能与组织的价值、使命、愿景相一致。高级管理层强调以培训为导向、以人为中心的文化的重要性。雇员们都为组织感到骄傲，因为它给予相互的支持，促进了信任，赋予了员工意义。员工能够得到体面的报酬和极佳的福利；总裁鼓励大家大声发表意见、提出新的想法、勇于冒险。公司还鼓励创业活动，尽最大努力让员工很好地保持工作与生活的平衡。公司也扮演了为社会和整个世界尽责的企业公民角色。

"真实鲜活"的组织

上述地狱和天堂型的组织生活是同时存在的，说明了工作环境从极坏到极好都有。对许多高管来说，最重要的问题是怎样做才能创造高绩效的、最好的工作环境。基于几十年来的学术经验以及为全球顶级高管和组织做过的咨询，我对如何创造高绩效组织提出了自己的看法：在那样的组织里，员工能够达到最佳的状态、发挥出最好的水平。大量研究表明，在最佳工作环境中，员工的自发离职率低于竞争对手；这种工作环境能够招募到最优秀的人才、提供最高品质的客户服务、创造出有创意的产品和服务。而且这样的组织展示出更高水准的工作满意度和参与度。一般来说，快乐的人会更加投入地工作。

我称这些组织是"真实鲜活的（authentizotic）"，我把两个希腊单词"authentikos"和"zootikos"合并起来发明了这个词。Authentikos的原意是"有真实价值的"。用来描述工作场所时，它表示以公正流程为特征的组织。这种工作场所强调自我实现，能够产生效能感和胜任力，培养自主性和创造力。Zootikos 一词的意思是"对生活至关重要"。在一个组织环境中，它描述了一种运行状态——人们在工作中充满活力并达到了某种平衡，对工作投入并有完成度，对与认知和学习密切相关的探索诉求也能得到满足。

"真实鲜活的"组织 DNA 中有我称为 4C 的东西：植根于指导（coaching）文化（culture）中的大胆（courageous）交谈（conversations）。不过，要创造条件成为"真实鲜活的"组织，还需要许多要素。

建立信任

要发展"真实鲜活的"组织，信任是基础。不过，创造信任的文化却是从顶层开始的，言行一致才会产生信任。我们信任性情直率、言出必行、信守承诺、诚实正直、能够起表率作用的领导者。领导者行为的一致性是建立信任至关重要的因素，这意味着要遵守承诺。

建立信任的另一个重要因素是，领导者要做好准备在恰当的时候表露自己的情绪，以表明他们在意。然而信任不仅受情绪表达能力的影响，也受情绪传达方式的影响。比如表达不愉快或气愤，除了大喊大叫、大发脾气这种无法建立信任的做法之外，还有其他传达情绪的方法。组织的管理者要欣赏与自己共事的人，相信他们所付出的努力，承认并珍惜他们所做出的贡献；也要清楚地表明，每个人的工作都是有价值的。

组织的领导者要仔细倾听员工的意见。积极倾听他人意味着不仅要关注事情本身，还要关注潜藏在事情背后的含义和诉说者的语言、语气和肢体动作。倾听没有说出的话也同等重要。而且组织的领导者应当有足够的心理安全感，承认自己并不是全知全能的。

值得信赖的高管会努力邀请为他们工作的人参与意见表达，吐露心声，明示员工可以有不同意见，这也是创新过程的一部分。他们将失败当作很好的学习机会，同时为可接受和不可接受的行为设置清晰的界线。就像他们在孩童时做的那样，这种界线有助于建立安全感——人只有在感到安全时，才会在组织环境中畅所欲言。

临床范式：经过检验的改变方法

了解上述因素后，领导者要怎样创建一个使所有员工都能展现出最佳个人能力的组织？为此，我设计了一个经过检验的干预方法来构建教练文化。这种方法有助于人们克服因谈论真正影响组织效能的因素后产生的负面后果，而不敢大胆发言的恐惧。这种干预技巧能够建立信任、减小对自我暴露的恐惧，有助于应对在处理敏感（或缺乏敏感）问题时对互惠关系的担忧、消除挥之不去的偏执反应。

这种干预方法的根本概念框架是临床范式——心理动力系统透镜，透过它我们能探索人的深层想法和潜在动机。这一临床范式允许我们探索隐藏在意识之下的现象，更深入细致地理解一个人的内心、人际、群体和组织行为。透过它，我们发现了一个充满幻想、梦想、白日梦的内在世界，所有这些都代表了推进决策、行动和互动的客观现实力量。

运转中的临床范式

个人和组织的改变，从诚实地审视是什么压制了员工在组织中的发展开始。确定主要发展区域的一个方法是使用体现自我认知与他人认知之间差距的多方反馈问卷。如果做得好，反馈（最好在小组环境中分享）会提供在组织环境中关于个人更全面的描述，它是一个具有深刻情绪影响力的评估，为组织及其员工如何变得更好创造了机会。此外，触及深层情绪问题的破冰活动也有助于创造一些让员工"玩儿起来"的过渡空间。从我与几千名高管合作的经验来看，从小组环境中的短期游戏里获得的对他人的了解，比从数小时的演说中获得的还多。游戏会触发机会，让人开始谈论真正重要的话题——对改变有帮助的话题。小组成员会发现，他们能够而且愿意讨论在别处不能讨论的事。

另一个宣泄经历的方式是进行叙述。能够把我们个人的故事讲给一群以尊重的态度倾听的人，会产生强大的情绪影响力。谈论困扰我们的事会给我们提供机会，重新去体验和改变令人深感不安或重复的生活主题，帮助我们更好地了解为什么这种心理问题会一直阻碍我们前行，为什么我们会固执地坚持对组织有负面影响的、失常的行为模式。

而且在倾听别人的生活故事时，我们会发现自己不是唯一困惑的人。我们会开始明白别人也在与类似的问题作斗争。这种在特定问题上的相互认同给了我们很多机会来讨论处理这些问题的其他方法。此外，在互相支持的过程中，所有参与者都会成为真实而具有支持性社群中的一分子。

要使员工发挥出最大的能力，勇敢探索和交谈需要成为组织文化中的一部分。我在这里描述的干预方法会创建一种反映组织员工现状的文化。大胆交谈很有感染力，会从个人开始，蔓延到小组，然后更广泛地蔓延到整个组织。最后，这个有建设性的"感染物"会扩散开来，整合到组织文化中去。这样，组织就成为一个赋予意义和目标的地方，4C 也存在于它的 DNA 中。如果有人"复制"你的行为，那就是个好现象，说明你做得对——毕竟模仿被称为最高形式的奉承。

那么，你会从哪里开始创造"真实鲜活的"组织呢？接下来是一则寓言，我第一次读到它是在许多年以前。

一位智者说："年轻的时候，我非常渴望改变世界。但是每个和我交谈的人都让我泄气，他们甚至暗示我，是我有问题。面对他们消极的反应，我茫然不知所措。

"长大一些后，我意识到自己把目标定得太高了——我想做的太多了。所以我决定选择一件更合适的事去做——改变我的家庭。虽然我真的很努力，但我的家人似乎不感兴趣。

"现在我老了，终于意识到要改变世界和改变家庭都是错的，也终于明白，一切都应该从自己开始。如果我能改变我自己，谁知道呢，或许就有机会改变我的家庭、迈出改变世界的第一步了吧。"

— 12 —
首席执行官的巨额薪酬

人有三个忠实的朋友：老妻、老狗和钞票。

——本杰明·富兰克林

大公司首席执行官的薪水不是市场对其成就的奖励。通常，它的性质是一种个人对待自己的温暖的私人行为。

——约翰·凯尼斯·盖尔布瑞斯

天啊，多么糟糕的消息！根据经济政策研究所的最新报告，美国的首席执行官与劳动者的平均薪资比例从 2015 年的 286∶1 下降到了 2016 年的 271∶1①。对许多顶层管理

---

① http：//www.epi.org/publication/ceo－pay－remains－high－relative－to－the－pay－of－typical－workers－andhigh－wage－earners/

人员来说，这个令人失望的数字离它在 2000 年到达的顶峰
383：1 非常遥远。虽然这是个坏消息，但是得知大多数首
席执行官不会领到贫民的薪水，还是令人鼓舞的。

看看这些巨大的数值，很明显没有人注意到管理大师
彼得·德鲁克的警告，他曾提出首席执行官的薪水与劳动
者平均薪水的恰当比例应该是大约 20：1（那是在 1965
年）。德鲁克相信，更大的收入比值差异会导致劳动者的士
气出现问题。不过就目前的情况来看，许多首席执行官一
天的收入比普通劳动者一年的平均收入还高。虽然首席执
行官的薪资迅速上升了，但是普通劳动者的平均薪资还在
原地踏步。

首席执行官真的该得到这么高的薪酬吗？

有些人的主张是，首席执行官过高的报酬只不过反映
了市场对他们独一无二的能力的需求。这些人还辩称，随
着现代企业规模扩大、复杂程度加深，要企及首席执行官
如此高位，在毅力、政治悟性、经验和能力方面都需要极
大的投资。有才能的首席执行官就像运动明星或演员一样

被当作稀有物，因为他们拥有在当今竞争激烈的全球市场生存所需的罕见的领导能力。他们承受着为公司创造超常业绩的巨大压力，还要通过创造就业机会为社会提供服务，因此他们应当得到如此高水平的报酬。

虽然这些辩词在某些人听来很有说服力，但是首席执行官极高的薪酬包依旧是有问题的。他们过度强调了个人对公司成功的影响，而低估了其他雇员的贡献。超高薪酬助推了把首席执行官看作主要贡献者的风潮，忽视了团队文化和分散式领导力的影响。有研究表明，首席执行官与普通劳动者的薪酬比例越高，公司股东的收益就越少①。

这些矛盾的观察结果提出了一个问题：首席执行官是否真的应该得到超高薪酬？有些误解是导致人们认为首席执行官应当获得超高薪酬包的原因。

误解 1：需要用高薪来激励首席执行官做出超常的业绩。

就意义建构而言，一个常听到的支持超高薪酬包的论点是，如果没有较高的薪酬，首席执行官就不会那么努力

①　http://ctwinvestmentgroup.com/wp-content/uploads/2014/02/CtW-Investment-Group-comment-letter-20131125.pdf

地工作。为了组织的利益，给他们激励性的超高薪酬对鼓励他们做出超常业绩是至关重要的。

事实：无论薪酬多少，高成就的首席执行官都会努力工作。

仔细审视这个问题，我们就会发现它有很大的质疑点。以我们对人动机的理解，对企业游戏感兴趣的这类人很多都是高成就者。大多数首席执行官的风格都归于这一类。从我和他们一起共事的经验来看，不管拿多少薪水，他们都会努力工作。[①] 给他们如此夸张的薪酬包意味着公司就是在扔钱，浪费了本可以用于更优目标的资源。削减首席执行官的薪资很难影响到公司的业绩底线。

误解2：首席执行官的高薪酬反映了市场需要他们独一无二的能力和他们对公司业绩底线的贡献。

就像体育明星或影视明星，有才能的首席执行官是稀有动物。他们拥有骄人而稀有的领导能力，很难被取代。他们的高薪酬包仅仅体现了市场的供需规律。如果拥有这些独一无二资质的人供大于求，市场力量就会降低他们的薪水。

---

① 凯茨·德·弗里斯（2012）

事实：首席执行官并没有那么超常，而且几乎无法衡量他们个人对公司业绩底线的贡献。

这也许很令人震惊，但事实上确是大多数首席执行官都没有那么出色。很少有首席执行官像杰克·韦尔奇、史蒂夫·乔布斯、比尔·盖茨、杰夫·贝索斯那样有影响力。虽然他们认为自己能力欠缺，但是其中有许多人都只是平常的、易犯错的普通人，对他们所领导的公司的影响有限。他们并非不可取代。毕竟，每年世界各地的商学院都会粗制滥造出成百上千的工商管理硕士，他们中有许多人都瞄准了首席执行官的职位。而且仅仅关注公司里的明星人物会忽略一个事实：不论能力多强，首席执行官都无法独自运营公司，还需要其他人才能使公司运行。出于市场环境中有许多无法捉摸的因素（各种经济上升和下行），很难判定一位首席执行官创造或毁坏的确切价值。公司的成功永远是团队努力的结果。

贪婪的旋涡

要理解为什么首席执行官的超高薪酬水平一直存在、

为什么人们依然有首席执行官值得超高薪酬的错觉，我们需要考虑一些系统性问题和导致首席执行官备受崇拜的动力来源。

横向比较在首席执行官的超高薪游戏中起着核心作用。薪酬委员会的成员和未来的首席执行官都利用了"高于平均效应"。董事会成员在确定薪酬包的大小时，都会认为未来首席执行官的薪资必须高于平均水平，并据此做薪酬比较。同样，首席执行官在洽谈薪酬包时，没有一个人会提出自己的薪酬要低于平均水平。他们所有人都希望赚得比中间值高。

还有一个更深层的原因致使这种高于平均薪资水平的恶性循环通胀：董事会成员害怕，如果不提供薪酬范围中前25%的薪资，他们就会失去这位首席执行官。他们还担心自己的首席执行官被别的组织挖去。如果这种社会比较的过程一年又一年地重复，就会对薪酬包产生剧烈的通胀效应。

给这种通胀效应火上浇油的是，许多猎头基于未来首席执行官的薪资来计算他们自己的费用。由于他们在一个高度不合理的非流动性市场里运作，没有真实的定价机制来全面地确定公平薪酬包应该是怎样的，所以他们在提高薪酬包方面有相当大的回旋余地。大多数薪资顾问的报酬也是基于与首席执行官薪酬包方案相关联的某些公式。如果我们把所有这些提升首席执行官薪酬的压力组合在一起，再加上许多董事会成员常常并不真正理解由那些咨询顾问设计的（设计目的通常是使他们的收费有理有据）复杂的薪酬包，会出现这样的薪酬通胀也就不足为奇了。

由于这种现存的超高薪，我们可以公平地说，许多首席执行官在为自己的薪酬辩护时，已经失去了公正的判断力，他们表现得更像是雇佣兵，而不是真正的领导者。他们不愿意承认，自己过高的薪酬包对在公司里工作的其他每一个人都有道德暗示。这种薪资范围传达了一个信息——唯一真正的贡献者是顶层的人。这破坏了维护高绩效组织所需的社群意识，也抑制了在公司工作的其他人发挥出自身的最佳能力。这种程度的不公平甚至会促使他们离开。即使有些首席执行官承认过高薪酬包的负面作用，但是贪婪是他们的致命弱点，而且特别难以克服。

理解贪婪

正如我先前提到的，许多首席执行官在有关他们薪酬包的问题上已经失去了公平判断的能力。问题就变成了他们中的许多人是否意识到贪婪是一种错误的生活方式，并不一定带来快乐。太多的贪欲意味着人受到了剥夺感的驱使，体验到内心的空虚。与其他许多障碍一样，这种缺失感也许是从儿时被忽视的经历中产生的。许多过于贪婪的人都被有缺陷的自我意识所困扰。在童年早期经历的影响下，他们内心深处感到自己不够好，这种感觉一直萦绕着他们。为了抵抗这种不达标的感觉，他们诉诸贪婪，贪婪也就成为他们弥补不足、使自我感觉更好的方法。金钱变成一种替代品，代替他们从未得到过的爱，帮助他们消除自我怀疑、不重要、无意义和缺乏价值的感觉。

同时，贪婪也会成为有所成就的驱动力。经济上的成功成为一种比较基准和保持得分的方式。遗憾的是，这种成功只能带来一时的、不持久的兴奋，很快就会需要另一种刺激达到兴奋点。贪婪的人对物质的需求永远无法被满足。他们需要越来越多经济上的成功来支撑自尊心，使他们自我感觉良好，从而避免内心的焦虑和沮丧。但是这些金钱上的成功永远不会带来他们渴望的内心的平静。不过这里需要澄清一点，我并不是暗示所有的首席执行官都有这种倾向，只是他们很容易落入这种贪婪模式中。因此也不需要太多借口来解释首席执行官的高额薪酬是正常的。

管理薪酬游戏

很遗憾，我们不可能指望首席执行官团队来做自我监督。在目前的情况下，必须用一些对抗性的压力来把首席执行官的薪酬包控制在适当的范围内。

首先，董事会成员需要抵制这种高于平均薪资水平的效应，要经得住诱惑，不和外界作比较；要提防让人头晕眼花、过于复杂的薪酬方案，这会让机会主义者更容易操纵薪酬体系。令人困惑的薪酬结构会把贪婪的首席执行官变成财务工程师——他们更专注于影响薪酬标准的方法，而不是为公司的未来效力。董事会成员需要面对一个令人不快的事实——对薪酬包的操控能够增加公司的短期收益，比如以优先认股权和限制性股票补助金来替代薪资。

　　总而言之，薪酬包的设计要从短期规划转变成对公司长远发展的长期考虑，并将所有利益相关者考虑在内。比如在德国企业中，工人代表加入董事会的传统通常可以看作对薪酬过高的矫正方法。

　　另一个针对过高薪酬包的对抗性力量是将顶层高管的薪酬信息公开。薪酬保密只会加剧通胀的旋涡，可以通过让公司股东为顶层高管的薪酬包进行表决的方式来限制过高的薪资。当薪酬和股价联系在一起时，要为回购股份征得董事会的批准，这也是控制薪酬的方法。（回购通常会推动股价上涨，而不会对公司资产、研发或劳动者进行实际投资。①）回补条款也能叫停与不负责任的冒险行为结合在一起的过高薪酬包，以抵制短期管理的诱惑。它迫使高管们归还后期发现是计算错误的薪酬。

　　还有一个防止薪酬过高的方法是仔细审视一家公司怎

---

　　① https://www.forbes.com/sites/greatspeculations/2016/02/24/how-stock-buybacks-destroy-shareholder-value/#71e6e80e7841；http://www.businessinsider.fr/us/whats-a-buyback-and-why-do-someinvestors-hate-them-2016-6/

样操作现有的税码。通常，找到创意的方法来灵活地利用既有的税收法规也会指导薪酬的确定。在这方面，政府对于制止这种情况起着很重要的作用。比如对顶层人员征收更高的边际收益税率，会对超高的薪酬包产生抑制作用。在许多国家的司法管辖权中，优先认股权的征税方式也许需要重审。为首席执行官与普通劳动者薪酬比例非常高的公司设定高企业税率来阻止薪酬上升失控，也是一个很有创意的方法。

我很清楚这些建议不太会受欢迎，因为许多人把首席执行官的薪酬游戏视为资本主义的重要壁垒。然而，目前飞涨的首席执行官薪资标准也是一个腐败的征兆。虽然资本主义有很多益处，但是无制约状态的自由市场理念具有严重不良的社会效应。无约束的资本主义只会导致社会动荡不安。是时候让下一代首席执行官用更有创意的思维，思考公司在建立稳固的业务时所面临的挑战了。好的开端会创造出防止过度贪婪占上风的公平薪酬体系。首席执行官应该努力超越致使贪婪潜在（或不那么潜在）的趋势。

贪婪是贯穿高薪的红线，这是一个关于贪婪的道德故事。在一片遥远的土地上，有一个对金子有着极度贪欲的人。一天，他一早起来去繁忙的集市上买东西，看到一个货币兑换商的摊位上放着一堆金子。他无法控制自己地抢了金子，用最快的速度逃跑了。但是他还没跑远，就很快被放债人和摊贩逮住了。"你在想些什么呢？"他们问他，"你为什么从我们眼前拿走金子？我们都能看到你做的事儿。"小偷很震惊："你们都在？我谁也没看见，我只看见了金子——只有金子。"

— 13 —

金钱妄想

富有并不在于拥有大量的财产，而在于拥有极少的欲望。

——埃皮克提图

聪明人把钱放在头脑中，而不是放在心里。

——乔纳森·斯威夫特

著名音乐剧《卡巴莱》中有代表性的唱段之一就是"金钱"，"让世界运转"的金钱。在滑稽和嘲弄的二重唱中，歌手们创造了"有钱，一切皆有可能"的幻觉。然而他们并不是唯一有这个神奇想法的人。我们所有人都对钱能为自己和他人做的事有着不合理的奇特想法。你有过多少次"如果我中了彩票……"的对话？显然，金钱使我们有更多的选择和更大的选择自由。过去关上的门也许会突然敞开。

金钱是人类生活中最强有力的驱动力之一。从象征性的观点来看，金钱也是人类的一项卓越发明。金钱可以无限期存储，也可以轻松地转让给别人换来商品和服务，金钱通过这些形式将人类的劳动商品化。金钱不仅象征着经济保障，也代表着地位、权力、爱、快乐，以及更多。金钱是无所不能的资源。许多人把金钱当作人生游戏中记分的一种方式。他们就像在参加一场输赢比赛，其目的是赚钱。有很多钱的人被认为在这个比赛中遥遥领先。

虽然很少有人相信钱能买来快乐，但是很多人想象有更多的钱会让他们更开心一些。他们明确地争辩说痛苦而富有比痛苦又贫穷来得强——金钱也许买不到快乐，却能给痛苦创造较为愉快的形式。遗憾的是，随金钱而来的往往是大过其表面价值的代价。当获得和控制金钱成为首要关注点，就会产生一系列的个人和人际问题，包括焦虑、抑郁、偏执、虚弱、冲动消费、赌博、社交孤立、自杀，甚至谋杀。而且，无止境地追求金钱会把一个体面的人变成一个令人讨厌的家伙。引用小说家 D. H. 劳伦斯的话就是："有钱时毒害你，没钱时饿死你。"

有一种说法是，只有当你得到金钱买不到的东西时，你才是真正的富有。对金钱着迷的人很容易忘记，他们无法买到快乐、归属感、善良，以及一切人生中无形的东西。还有一句中国谚语告诉我们：金钱买得到房子但买不到家。虽然金钱能让人接近生活中最好的东西，但它也能削弱你享受日常生活中平凡快乐的能力。

保罗是我认识的一位高管。他虽出身低微，但凭借努力工作和不错的运气变得腰缠万贯。不幸的是，有钱之后他却变了——不是变得更好。金钱似乎揭开了他的真面目，在不知不觉中影响了他的思想和行为，让他有了浮夸的个人形象。保罗相信，有了钱他就能正大光明地去做所有他想做的事。他对别人的看法和行为也变了。人生变成了一场赢家和输家的零和博弈。他不依据道德品质来评价遇到的人，反而按他们拥有的财富界定，钱少的人很快被他归为彻底的失败者。对金钱的痴迷使他无情地压榨他人来增加自己已有的巨大财富。在我看来，保罗在增长财富的同时也一下子跌入了社会的财富陷阱中——比如缺乏同情心和同理心，社交孤立感增加，道德标准退化。保罗的财富把他从一个谦卑的人转变成一个傲慢、有破坏性的人，他还辱骂他人、公然用居高临下的态度对待那些他认为低下的人。

保罗对金钱的追求上了瘾：他赚得越多，越自我感觉良好。一些神经系统科学家观察了像保罗那样的人后，提出赚钱可能与大脑特定区域（有多巴胺的那个半球）的激活有关。多巴胺是进化的动机奖励，用来帮助我们生存，比如获取食物或繁衍。保罗就像其他痴迷金钱的人，对他来说，赚钱似乎对他的神经回路产生了类似的影响，使多巴胺飙升，引发临时的快感。然而从长远来看，这种与金钱相关的短暂美妙感会伤害他的心理和身体健康，带来负面的后果。他对于财富和物质资产的不断追求使他越来越不快乐。金钱问题成为他离婚的主因，还导致孩子们疏远他。最终，保罗发现自己被曾经亲密的人抛弃，孤身一人置身于巨额财产中被仆人包围着——他就像现代的公民凯恩，证明了财富和自负的悲剧。

金钱的精神动力学

就像其他成瘾行为的模式，金钱障碍实际上是植根于过去的困境中未竟之事的症状。这些未解决的问题表现为生活主要领域中持久的、可预测的且往往很僵化的自毁性拜金主义行为模式，这种行为模式有使人紧张、焦虑、交际困难的缺陷。金钱被认为是夫妻间和家庭内部引发冲突的主要来源，也是夫妻不和，甚至离婚最常见的原因之一。

如果一个人的金钱观扭曲，不论表现形式是过度花费、过少花费、囤积钱财、连续借款，还是赌博，我们都要回溯到他们的早年时期，探究金钱在他们父母生活中的意义。他们父母的行为怎样影响他们的人生？我们父母对金钱的态度很可能塑造我们的金钱观念。在我们的内心剧场中，我们遵循一个金钱的脚本，这个脚本基于我们在童年时观察到和学到的东西。这些讯息影响了我们一生看待金钱的态度、对金钱的观念和期望。金钱通过外部世界的财富和生活方式，揭示了我们内心世界的方方面面。

如果对金钱的关注出现了问题，我们就要问问自己：我们的父母为钱争吵过吗？他们是否用钱来实行控制？还是把钱作为表达爱的方式？如果我们深入地观察自己，金钱会唤起忧虑、负罪、愤怒、伤心、权力、爱或快乐的感觉吗？根据对这些问题的回答，金钱以及所有可以用金钱完成的事转化为对自我价值和身份的衡量。相反，缺少金钱则会加剧无力感。

我们赋予金钱的力量和意义很大程度上决定了我们如何生活。我们将感情生活和物质财产结合在一起的能力，反映了我们将价值、信仰和欲望融入我们世界的能力。重要的是这么做的同时提醒自己，人生中大部分美好的事物都与金钱无关。如果我们不珍惜，它们就会轻易和我们擦肩而过。因此，我们最好记住，金钱无法买到无形的东西，比如时间、快乐、内心的平静、正直、爱、品格、健康、尊重、道德、信任和尊严。金钱常常阻碍人们创造真正富足的生活。不言而喻，一个人的富有不在于拥有大量的财产，而在于拥有极少的欲望。正如释迦牟尼说的："你只会失去你依附的东西。"

这是一个禅宗故事，说明金钱是如何影响人的。一位禅师在专心打坐，这时一个小偷闯进他的屋子。小偷用刀威胁他说："要钱还是要命。"令他吃惊的是禅师回答："请不要打扰我——你看我正忙着打坐。钱在那个抽屉里，请自便。"说着他又继续去打坐了。小偷正要把抽屉里的钱全部拿走时，禅师暂时停下喊道："请给我留一点钱，因为明天我得付账单。"小偷爽快地放了一些钱回去。"你不谢谢我给你这些钱吗？""谢谢你。"小偷说完就离开了。他彻底被禅师的行为弄糊涂了。

几天后，小偷被警察抓住，他交代了自己的多起盗窃，包括在禅师那里偷盗。当警察让禅师从他的角度说说这件事时，禅师说："他什么也没偷。我给了他钱，他还感谢我呢。"

小偷简直不敢相信自己的耳朵，受害者这个意想不到的回答使他懊悔。从监狱释放后，他去见禅师，请他收自己为弟子。他已经意识到，生活远不止追求物质财富。

— 14 —

从情绪障碍中拯救家族企业

父母留传给孩子的不是财富，而是有所敬畏的
精神。

——柏拉图

幸福的家庭都是相似的，不幸的家庭各有各的
不幸。

——列夫·托尔斯泰

"你觉得和我父亲打交道最好的方式是什么？我该怎样
说服他相信还有更好的方式来运行业务？我一直试图让他
接受我的想法，可他不爱听。我真怀疑他是不是不重视我
的意见。更令我烦恼的是，他拒绝承认这个世界与他创业
的时候截然不同了。如果我们这个家族企业要继续生存下

去，我们就需要以不同的方式做事。"

以上这些话是乔的牢骚，他来向我讨教怎样应对他的父亲。乔是一位企业家的儿子，他的父亲成功建立了一个庞大的企业。然而时代在变，数字世界对企业产生了巨大的影响。他的父亲仍然不顾他开拓新管理方式的请求，坚持自己熟悉而又陈旧的方式。对熟悉情况的所有人来说，很显然，他们在如何推动公司发展的问题上所产生的分歧影响了公司业务。而且乔的父亲在感觉走投无路时有个根深蒂固的习气——让乔的兄弟和两个姐妹相互作对。乔对这样的家庭互动深恶痛绝。

在许多国家，家族企业占主导地位，是经济的支柱，也是创造就业机会的命脉。在远东、中东、意大利和西班牙，家庭企业控制着95%的业务。即使在法国和德国这样成熟的经济体中，也有超过80%的公司由家族控制。在（有着强大公众股票市场的）美国，家族控制着60%~70%的国家商业组织①。世界上有很多像乔这样的企业二代，他们在业务问题上感到沮丧，而这些问题已经和纷繁复杂的情感问题纠缠在了一起。

---

① http://www.ffi.org/page/globaldatapoints

一句古老的谚语"富不过三代"反映出当前家族企业的统计数据：10 个家族企业中只有 3 个能够存活到第二代，只有 1 个能传到第三代。家族企业（在成功创业之后）的平均寿命大致是 24 年（恰好与公司创立者的平均工作年限相同)[①]。

所有的组织都必须处理权力斗争和冲突问题，但是由于家族成员之间的情感纠缠，应对这些挑战对家族企业来说尤其困难。因此，成功管理家族企业不仅需要精通业务，还需要了解自己。我听得最多的抱怨是年长的一代拒绝放权给成年子女；家族成员被放在他们无法胜任的管理岗位上；无法和家族中的某个人（父亲、母亲、舅舅、姑妈、兄弟、姐妹、表亲）建立真正的职业关系，而且家族企业的掌权者常常未能有效地处理这些问题。

我们能为此做些什么呢？我们如何防止这些人与人之间的积怨、误会、懊恼从恶化发展到损害企业和家族？

聚焦将来

作为解决问题的一种方法，我认为让掌权者反思未来

[①] http://www.economist.com/node/3352686

可能出现的情景会有所帮助。他们更愿意像法国国王路易十四那样"哪管死后洪水滔天"而不在意他们退休或身后会发生什么？还是想把企业留传给下一代？如果是后者，就有必要提出一些能确保长期经营下去的战略步骤。然而为了进一步发展，他们需要有勇气面对（所有公司都必须面对的）一般商业问题，还要处理作为家庭动力基础的复杂情感和关系问题。在家族企业中，你需要同时拥有成功的家庭和成功的企业。

聚焦公平竞争

在运作良好的家族企业中，掌权者需要在他们的计划和决策中表现出对公平的关注。他们必须意识到公平是做任何事的信任基石。如果遵循一些具体的做法，被视为公平的行动就更有可能得到接受和支持：

1. 让每个人都发声——使家族中的每个人都有能发挥自身作用的感觉；

2. 提供清晰的信息——为有关家族和企业的问题提供及时准确的信息；

3. 保持一致性——将规则以同样的方式应用于所有家

族成员。

此外，当一个家族企业变得复杂时，这个家族最好重新审视其家族成员的参与性。有一项重要的建议是定期召开家族会议。随着时间推移，这种家族会议应该会发展成一个正式的家族理事会。这样的结构能够帮助像乔那样努力诱导变革的人感到不那么孤独。

写下章程

这些家族理事会早期的基本任务之一是协助制定和批准家族章程。在创建一部清晰透明的章程的过程中，家族成员需要问自己：拥有家族企业的统一目的是什么？我们的价值和愿景是什么？我们对于家族和企业未来的展望是什么？以我的经验，某些形式的家族慈善行为会成为把家族成员紧密结合在一起的高效方法。聚焦于业务之外的事——除了确保家族成员的经济福利，还有为他人服务的使命——能提供维持家族世代团结所需的黏合剂。

家族章程应解决诸如培训和发展、如何解决冲突以及决策操作的问题，还应解决家族成员如何在企业中追求事

业的关键问题。是欢迎每个人在公司里工作，还是对外在
特定的教育经历或实际工作经验有要求？应清晰明确地规
定进出规则，以及如何处理企业所有权、如何确保公平、
如何有建设性地预防和管理冲突。我还从经验中学到，（进
入家庭企业前）多年在公司外部追求成功的事业对家族成
员的自尊心有奇妙的作用。

建立强有力的董事会

随着公司的不断成长，它会需要一个强有力的董事会。
有效的家族企业董事会与上市公司的董事会有所不同：家
族企业的董事会起着连接家族的桥梁作用，同时平衡着家
族和公司体制的需求。有效的董事会成员需要深刻地理解
家庭的价值和目标与公司文化之间的关系。他们还能担任
像乔和他的父母那样家庭成员之间的仲裁人。

充耳不闻

当然，这些建议的前提是家庭成员都有相对稳定的精

神状态，愿意审视自我，察觉到错误时不是责怪其他家庭成员，而是有足够良好的意愿使家族企业蓬勃发展。遗憾的是，非理性的行为模式太过频繁地占据主导地位。尽管敏锐的家庭动态观察者或许能破解其中的基本原理——表面下正在发生的事——但是由于不可修复的陈旧冲突，家族企业可能会悲惨收场。

家族企业的成员可以考虑问问自己，如果从头开始，他们是否仍会选择在家族企业里工作？如果不是（人生没有彩排），也许他们做别的更明智。不过，如果他们喜欢做家族企业中的一员，像乔这样的人要成功会需要许多勇气和深刻的内心反思。

这是一个关于家族企业风险的道德故事。家族的元老快要死了，他很担心自己死后家族企业还能否继续运行。虽然他尽了很大努力把孩子们团结在一起，但他们还是争吵不休。老人几乎用尽了全部的智慧，最后一次试图告诉他的孩子们团结一心的好处。他叫一个女儿给他一捆棍子，把这捆棍子依次递给每个孩子，让他们折断它。他们都很努力，却没有一个人成功。然后老人把棍子解绑、分开，让孩子们折断它们，这回他们都轻松地做到了。

"我亲爱的孩子们，"老人说，"现在你们看到团结的力量了吗？捆在一起的棍子折不断。如果你们团结在一起，任何人都不可能伤害你们；但是如果你们四分五裂，就会被击溃，我们的企业也会崩溃。"

令人伤感的是，这正是乔的家族企业所发生的事。

— 15 —
聪明的傻瓜

傻瓜通常觉得自己聪明，聪明人则知道自己是傻瓜。

——威廉·莎士比亚

在我看来，最聪明的人是至少每个月叫自己一次傻瓜的人。

——费奥多·陀思妥耶夫斯基

安德鲁是个谜。退一步说，他的行为不合常规。很难弄清楚他究竟是认真的，还是只是胡闹。你永远无法预见他会做些什么。有些人觉得他非常讨厌，许多人觉得他的嘲弄行为和恶劣玩笑很过分。

显然，安德鲁喜欢装傻。他喜欢挑战现状，扮演心怀不满的逆势者。他随时准备着思考不可思议的问题，说不能说的话，做不能做的事。他是个问看似天真而愚蠢的问题的行家。不过安德鲁不得不说的话里经常含有许多智慧，他的问题也常常很难回答。他是魔鬼的代言人——他用讽刺、挖苦、幽默来传达令人费解的信息——常常引发有创意的对话。这些挑战了他人的思想和逻辑，所以他们最终考虑了那些原本不会进入他们头脑的创造性的解决方案。

我们都听说过宫廷小丑或宫廷傻瓜，历史上的他们是中世纪和文艺复兴时期的贵族或君主家里的艺人。最好的一个例子就是莎士比亚《李尔王》中的傻瓜。与很多其他傻瓜一样，这个傻瓜不仅仅提供喜剧性调剂，还对权贵直言不讳，指出其他人不敢说的事；他挑战当权者、批评国王，他是国王的随行人员中唯一有勇气告诉国王真实情况的人。在他的嘲弄下，他创造了一个严肃的空间，让其他人反思和质疑长期以来人们对智慧和真理的看法。

《李尔王》中的傻瓜绝不是傻瓜。他是个有学识的、聪明的傻瓜，用嘲弄或歪曲的评论来伪装自己，说出别人不愿意说的话，指出国王真正的愚蠢之处。

乔治·萧伯纳曾说："每个暴君必须有一个不忠的随从

让他保持理智。"有学识的傻瓜是领导者的重要陪衬。凭借他们的特殊职位，聪明的傻瓜能合法地做出不敬的举动，以此来暴露权力中丑恶的一面。他们为组织生活提供诚实而聪明的评价，稳定的力量或现实的检验。他们使人普遍嘲笑人性的弱点，但同时巧妙地迫使他们深入审视镜中的自己，并质疑他们自己的推论，更好地了解他们是谁和发生了什么。傻瓜创建了制衡机制来避免领导者滥用权力。从某些方面来说，他们颠覆性的行为可能会发生转变——就像李尔王那样，最终清醒地完成了自我实现。

领导者最好让愿意担任傻瓜角色的人围绕在自己身边。因为权力会导致腐败，领导者应当鼓励聪明傻瓜的存在，把他们当作滥用权力的解药。傻瓜给领导行为带来现实的新鲜空气。他们减少领导者沦为狂妄自大的受害者的可能性。而且傻瓜不受传统的束缚，能帮助他人踏上发现的旅程。

骗子是一个与傻瓜相关的人物，存在于很多文化中。他们的原型可以看作傻瓜在神话中对应的人物。这个令人困扰的家伙在混乱中生长，他们阻碍权威、不遵从规则、无视正常和预期的事、擅长破除界限。骗子是模棱两可、情感矛盾、表里不一、矛盾对立、似是而非的神秘化身。他们是跨越界限、打破规则、讲真话的人，他们顽皮地扰乱正常生活以达到新的形式。和傻瓜一样，关于骗子的不合常规的故事帮助我们理解什么是对的、什么是错的。另一个与傻瓜的相同之处是，骗子也对滥用权力起着对抗作用。他们通过破坏惯例、消除自满、制造混乱和不安，来推进新的想法，创造新的经验、智慧和见解。他们是变化的催化剂，创造或破坏的代理人，狡猾的神话英雄，掠夺成性的恶棍，他们能轻易地从一种模式转换到另一种。

就像傻瓜告诉国王令人不快的真相时是在玩火，在组织生活中，安德鲁那样的傻瓜和骗子也如履薄冰。他们需要明白，在任何特定的时间点，领导（或任何处于权力位置的人）能够容忍有冲突的信息量是有限的。指出组织里隐藏的议程、讨论不该讨论的事总是有风险的。有个不幸的事实是，一般来说，告密会使个人的职业生涯不得善终。但是尽管有这些危险，组织里的傻瓜还是能够帮助领导者应对领导力的许多误区，并使他们保持清醒。这是一个需要技巧的角色：傻瓜必须刺激当权者质疑他们的信念，但只是作为边缘性的存在。如果太接近权力的中心，他们的影响就会失去效力。

在组织生活中，咨询顾问和高管培训师经常担任傻瓜的角色。作为局外人，他们的损失比较少。但那并不意味着组织内部没有傻瓜。有时候，像安德鲁那样的高级管理人员也准备着担任这个角色。有些组织甚至可能设置与傻瓜角色相似的体制性职位，比如内部咨询顾问或某种内部监察专员（根据斯堪的纳维亚的传统）。

另一种方式是把傻瓜看成诚实和忠诚的保护者，他们让社会反省并取笑其本身复杂的权力关系。他们充当我们的良知，帮助我们质疑自身原本对智慧和真理的看法以及它们与日常生活的关系。通过幽默、坦诚的沟通，傻瓜和当权者参与到一种处理人性基本问题的深刻表演中，比如控制、竞争、被动和行动。当强大的权力社会文化结构拉动、推进、塑造我们的身份时，傻瓜为我们提供了一个以幽默又批判的目光去看待自身价值观和做出判断的机会。参与这种形式的游戏有益于团体凝聚力和信任氛围的形成，还能帮助演员抛开不切实际的幻想，创造出更强的现实感。

这是一个关于如何用看似愚蠢的行为来化解危险情况的小故事。半夜里，小偷闯进一幢房子，开始将贵重的东西搬到花园的地上。房子的主人躺在楼上醒着，一边听着小偷发出的声音，一边思量着怎么做。直接面对窃贼会很危险，她应该去尽力阻止吗？最后，她起身走下楼，开始帮助窃贼把贵重的东西搬出房间，沿着花园的小路走出去。小偷被这个意外的帮助完全弄糊涂了，问主人她在干什么。"我们在搬家，不是吗？"主人说，"我想我应该帮助你打包。"面对这个明显疯了的女人，小偷开始惶恐，他扔下所有值钱的东西逃跑了。

— 16 —

穷困潦倒的乞讨之地

永远不要乞讨你有能力获得的东西。

——米格尔·德·塞万提斯

你在伸手讨要时，不可能高高昂起头。

——谚语

有一个杜撰的、关于学者和作家 C. S. 路易斯（他以《纳尼亚传奇》而闻名）的故事。路易斯和朋友正沿着街道散步，一个乞丐走过来向他们乞讨。路易斯的朋友无视乞丐，继续走路。但是路易斯停了下来，把钱包里所有的钱都给了乞丐。然后他追上朋友。朋友说："你疯了？他只会拿那些钱去喝酒。"路易斯回答："有什么不同吗？我原本也打算这么做。"

周日，我经常从巴黎的寓所步行去当地的市场。在这悠闲的 15 分钟散步途中，我总会碰到那儿的两个乞丐。然而最近我惊讶地发现，乞丐的人数增加到了 12 个。我必须承认，他们的存在使散步变得不那么悠闲了。每次遇到乞丐我都会左右为难。我应该怎么做？我该不该给他们钱？同时我也会想问问，政府对乞丐的激增在做些什么？这就是我的思维方式。因此我开始琢磨，商业组织能否提供些帮助？

眼下的难题是要不要给乞丐钱。如果我决定什么也不给他们，我就会为自己的不慷慨找借口，想出一些不给钱的（明显）理由，比如：他们是不是懒？他们真的需要钱吗？如果我给了钱，他们会花在酒精或毒品上吧？我会想起一些媒体曾报道过，有些乞丐属于强迫男人、女人、孩子从事有组织乞讨的乞丐集团。当我看到带着小孩的乞丐时，我会尤其怀疑那孩子是被利用的情感道具。我对自己说，这些人如果多花点力气找工作，就不会处于如此悲惨的境地了。如果最后我给了钱，那不就是让他们继续在这条路上走吗？我是在帮助他们还是在伤害他们？然而我发现自己也在怀疑，给予是一种真正的慷慨和利他行为，还是只是一种让自己感觉良好的自私行为———一种不费力气、避免问心有愧的快速而简单的方式，而这种方式并不能真正解决问题。这个时候，我已经经过了几个乞丐。不管有没有给钱，我都觉得不舒服。这种不舒服不可避免地引出一个问题：为什么会有乞丐？

我意识到，由于我的推理是基于假设，而不是对乞丐现状的实际认识，使我更容易不给钱，说不的时候也感觉好很多。但我是不是反倒应该和乞丐谈谈，听听他们的故事，以便了解是怎么回事，再决定要不要给钱？

遇到乞丐、决定要不要给钱时，觉得不舒服的人肯定不止我一个。这样的遭遇会影响我们的心智，迫使我们质疑一些基本的价值观和动机。

世界上大多数宗教都强调"付出是正确的"这一观念。印度教中的"请求施舍"、伊斯兰教中的"天课"、基督教的慈善团体都宣扬施舍这一价值观。在某些文化中，乞讨是一种生活方式。例如按照佛教的习俗，和尚和尼姑传统上是以乞讨为生的，释迦牟尼亦是如此。佛教就是建立在他的学说之上的。

乞讨的形象在我们的社会结构和心灵中起着怎样的作

用？乞丐代表着什么？他们是不是我们负面身份的反映——我们不想成为的人？他们是不是社交孤立、绝望、贫穷的写照——我们可能会陷入的深渊？从精神上说，乞讨是否映射出了未被满足的需求？

有意思的是，当我问人们降临在自身最悲惨的情况是什么时，他们很快会想到乞讨。乞丐占据着我们内心世界的重要位置，我们似乎都害怕内心的乞丐。如果在梦中遇到乞丐，他们常常代表着麻烦。从象征的角度来看，他们与不幸、社交孤立、对能力不足的恐惧和对依赖的担忧都有关联。

随着许多社会中乞丐越来越常见，这些有意识或无意识的联想也变得更加频繁。乞丐数量增加的一个原因是全球化与社会和政治迫害的结合。比如在欧洲，由于劳动力的自由流动，人们更加容易跨越国界。一个典型的例子就是罗马尼亚人和吉普赛人的迁移。由于他们在祖国受歧视的经历，在巴黎市中心的生活比在罗马尼亚或保加利亚乡村更有吸引力。对这些罗马尼亚人来说，在西欧或北欧城市乞讨比在自己国家乞讨赚得更多。这使乞讨成为社会问题的反映。个人和社会能否接纳并帮助他们离开街头？或者（更有可能）只是对这些没有公民权的人置若罔闻？

总是有乞丐利用这种情况。比如在 2017 年，有人拍摄到在英国剑桥乞讨的乞丐乘坐大众帕萨特来到城市，把车停在郊外，步行到城里的几个地点，然后装扮成残疾人。像剑桥那样有成千上万名学生和数万游客的城市，一直是类似的乞讨欺诈的目标。在那里，通过运用某些组织和创意就能谋生。

然而许多真正无家可归、穷困潦倒的人是恶劣环境的受害者。大多数人有非常困难的背景，其中突出的有精神疾病、酗酒、吸毒成瘾。他们在街上越来越庞大的数量，一部分原因是许多医护体系的改革导致了精神病医院的关闭和病人的流出。在许多情况下，那些被收容很多年的人突然需要自谋生计，但他们由于精神状态、肢体残疾或缺乏技能无法找到工作，转而将乞讨当成唯一的解决办法。

乞讨比看上去要艰难很多。不管风吹日晒都要坐在和睡在街上，这不适合胆怯的人。遇到脾气暴躁、充满愤恨的人——对要不要给钱感到矛盾的人——都会打击士气。以肮脏凌乱的样子坐在街头角落，加重了随之而来的社会隔离。努力保持清洁和卫生会破坏乞丐的工作：良好的外表不是吸引施舍的最好方法。乞丐需要看起来悲惨、肮脏、病态来唤起过路人的内疚感。乞讨是一种非常被动的努力，搭讪别人要钱会适得其反：这么做的结果通常是遭到拒绝或报警。

好心真的能办好事吗？

但是给不给钱的问题依然存在。我们是否应该让乞丐继续存在（乞讨是一项基本人权），并总结出他们提供了让施舍者感觉良好的服务？那就是答案吗？但是，错位的善举也可能是非常愚蠢的。我们真的应该把乞讨变成一种职业吗？给予也许只是更加严重的社会伤口上的一剂创可贴，我们通过给予散播了一种现代瘟疫。我们是否应该尽力用其他方式帮助乞丐，同时也接受有些乞丐不想被打扰？

由于乞讨的自毁式循环，我们可以辩解说给乞丐钱可能是最没有帮助的选择，因为这只是一种临时的解决方法。我们的善举促使乞讨成为一种谋生方式。这也许会让我们感觉好些，但解决不了真正的问题。给乞丐钱会有助于持续没有未来的生活。给钱确实能改善严重的情况，但也会使更大的问题（我们大部分人认为其有存在的意义）更长久地存在下去。不管你喜不喜欢，象征性地给一些钱并自己感觉良好不太可能创造出乞丐需要的可持续性支持系统。为了发挥作用，乞丐需要的不仅仅是金钱上的支持。从系统的社会经济视角来看，如果我们停止在经济上资助乞丐，他们会更有可能开始努力养活自己。区分职业乞丐和贫困绝望的乞丐也许很难，但就算我们把施舍限制在我们相信是真正需要的乞丐身上，我们的施舍也会鼓励其他没有需要的人加入竞争而排挤掉真正需要的人。

可持续的替代选择

正如联合国机构在发展中国家寻求基于市场的经济发展方式，我们的救济也可以被更好地用于帮助创造就业、增加收入、带去希望，而不是依赖。马丁·路德·金说过："真正的同情不只是投给乞丐硬币，而是要意识到产生乞丐的社会大厦需要重建。"这不意味着满足穷人需要的最初行动不重要，然而如果我们觉得必须救济乞丐，更有效的做法也许是捐资给那些得到授权的慈善机构，他们会为乞丐提供食物、居所、接受医疗服务的途径或帮助他们就业。

把最后这个想法再提升一步，企业领导者工作的一个重要部分是为在他们的组织中工作的人创造意义。虽然乞丐会一直是社会构造的一部分，但是聪明的领导者了解"有目的的获利"这句口号的含义。他们会努力创造机会，让组织中的人以有效而可持续的方式帮助他人。通过创造出有意义的工作，他们给员工灌输"工作不仅仅是为了钱"的观念。商界能否联合起来，找到以工作为导向的创意解决方案来应对乞丐的激增？

哲学家让-雅克·卢梭曾说："人死时，手里紧握的只有他放弃的东西。"帮助有需要的同伴能陶冶灵魂，本着给予的理念生活会让我们感觉更好。但是我们也要牢记，慷慨的行为应该总是以最大化的持久影响为目标。

这个故事讲述了"乞丐之地"的道德难题。从前有一个乞丐坐在公园入口处，一个男人走过去问他为什么在那里。乞丐说："我在享受阳光，看鸟儿飞舞，看人来人往。"男人说："你就是个懒汉，不过是在浪费时间。你应该为你的人生做点什么。""你觉得我该做什么？"乞丐问。男人回答："你应该起身去找份工作挣钱，存下钱来找个妻子，然后结婚、生孩子、赚更多钱，变得富有。""然后呢?"乞丐问。"噢，"男人说，"然后你就不需要工作了，你可以休息，轻轻松松地享受生活。"乞丐说:"那不就是我现在正在做的?不用经历你那一长串废话里描述的过程我也做到了。"

― 17 ―
别让羞耻成为自毁的旋涡

人不可以无耻。无耻之耻，无耻矣。

——孟子

羞耻是一种吞噬灵魂的情绪。

——卡尔·荣格

　　史蒂文是一家媒体公司的运营副总裁，在公司的年度百强战略研讨会期间，他被要求做一个关于公司数字转型的演讲。公开演讲一直不是史蒂文的强项，他花了相当多的时间为这个任务做准备。可是轮到他时，他的焦虑发作了，脑中一片空白，做了一次磕磕巴巴的演讲。听众对他想要传达的信息留下了混乱的印象。第二天，史蒂文由于健康问题没有上班。他看了医生，但是开具的药物没能使他的精神状态得到多少改善。随后，史蒂文延长了病假期。朋友们在与他妻子的交谈中得知她也一筹莫展，不知道该拿他怎么办。大部分时间里，史蒂文都坐在书桌前盯着窗外看，对什么都提不起兴趣。

史蒂文怎么了？这种极端反应的根源是什么？一个可能的答案是，他被一种经常被忽视的、无法言表的情绪反应所困扰。这种情绪反应是因为消极地看待自我而产生的，那就是羞耻感。羞耻一直存在于所有人际关系中，我们从没命名过它，也不是经常自觉地意识到它。即使当我们意识到羞耻的存在，但是由于难为情，谈论羞耻需要很大的勇气。

鉴于我们对羞耻的反应方式，这个词来源于一个更古老的，意为"覆盖"的原始印欧语系单词也就不令人感到意外了。感到羞耻与想让地面把我们吞掉、极度渴望逃跑或者躲到岩石下面有关。《圣经》故事中亚当和夏娃被逐出伊甸园，清晰地阐明了羞耻的巨大影响。在吃了智慧树上的果实后，他们不仅设法躲开上帝，还因为赤身裸体而感到羞耻，试图遮盖自己的身体。

《创世记》中的故事展现出我们所有经历中的一个关键

主旨，包括对暴露在他人（或自己）面前的羞耻（和恐惧）。羞耻被低自尊感、减弱的自我形象感、不良的自我概念感和体格缺陷感包围在中间。对于自我，没有其他影响比这更令人烦恼或更具破坏性。羞耻能够定义我们是谁，还能把我们推入一个兔子洞，就像它对史蒂文做的那样，进入一个不稳定的下行旋涡中。

感到像受损物品

病态地感到羞耻的人往往把所有发生在自己身上的事都内在化和过度个性化。他们不能正确地看待事物，一出现问题他们就会对自己说："发生这些都怪我，都是我的错。"他们不仅贬低自己，还感到无助，不相信自己能做些什么来改变现状。他们大脑中强大的内在批评家不断地审判和批评他们，说他们是受损物品，说他们能力不足、地位低下、没有价值，说他们不够好，有严重缺陷。

深层或过度的羞耻感对我们的心理健康产生深刻的影响，是许多精神病理学的核心问题。羞耻隐藏在内疚的后面，潜藏在愤怒的背后，可能伪装成绝望和抑郁。羞耻还

陷藏在许多成瘾行为和混乱中，包括抑郁、焦虑不安、受
伤后的应激障碍、滥用药物、饮食失调、攻击性行为、性
功能障碍。在极端案例中，羞耻甚至会导致自杀。

　　由于人们很少谈论羞耻的经历，所以很难察觉到这种
情绪，特别是当它被重重伪装时。一般说来，在对羞耻经
历的研究中，我们会观察到两种普遍对策：攻击自我或攻
击他人。正在经历羞耻感的人常常表现出逃避、防御、否
认。然而在最初的羞耻经历中，敌意会指向内心、朝向自
我（"我很卑微"，"我一无是处"）；有些人（比如史蒂
文）甚至远离现实世界。或者为了感觉好一些，有些经历
羞耻感的人会攻击和责备他人；另一些人可能会通过对他
人异常的友善来弥补羞耻或卑微感，希望以此提高他们的
自我价值感。虽然这些不同的方法能够暂时使人感觉好些，
但是它们最终会使事情变得更糟。如果不确定羞耻的来源，
就会出现一个自我强化的恶性循环，羞耻便通过这个循环
钻入人的灵魂深处。

羞耻的起源

　　羞耻情绪在不同的年龄和文化中普遍存在，它的适应

性目的是什么？从进化的角度来看，我们可以假定羞耻是在生存信赖于人们遵守某些规则的条件下逐渐形成的。他们需要结成一个团体有效地运作，以更好地应对自然的可怕力量。在旧石器时代，人类因羞耻而集合在一起，所以羞耻是建立群落社会等级和创造最佳合作方式的途径，也是建立清晰的支配-服从等级的有效机制。非常有意思的是，当我们倾向于不顾羞耻地摆出服从的姿态或屈服于他人的权力和评判时，也依然能看到这些早期兽性行为模式的派生物。

按照心理学发展的观点，羞耻可以看作人类在早期抚育幼儿时获得的一种复杂的情感反应，那时孩子完全依赖于与看护人之间的纽带。这是一种非常基本的情感——孩子想要达到父母的期望，如果没有做到就会感到羞耻。刚学会走路的孩子表现出的早期困窘感，在生命的最初三年里会转化为全面的羞耻感。不断被批评、严厉惩罚、忽视、抛弃或以其他方式受虐待的孩子很快就会意识到自己的能力不足、地位低下、没有价值。这些羞耻的经历破坏了自尊生长的根基，这些不正常的教养方式可能使孩子被羞耻感束缚。

吹毛求疵的完美主义父母将他们在孩童时收到的"你不够好"的信息传给自己的孩子，甚至通过这种方式使羞耻成为一种跨代模式。当孩子遭遇创伤事件时，羞耻会以非常丑恶的方式抬起头来；当事情失去控制时，孩子很容易责备自己。性虐待尤其会留下深深的印记，比如受虐的孩子因参与了不恰当的行为而感到羞耻。在某些情况下，孩子甚至会内化并承受羞耻，而它本属于情感上抛弃或虐待他们的成人。孩子会认为自己是坏人。一旦孩子获得这种自我憎恨，就容易受到羞耻的攻击，这种模式会持续存在于他们的整个人生中。

应对羞耻

很不幸，羞耻很难被克服，因为它影响着我们性格的核心部分。儿童时期形成的伤口——因被取笑、欺负，被父母、同辈或其他人排斥而形成的创伤——不容易被治愈。与性行为有关的羞耻使情况更加复杂，雪上加霜。羞耻固定在我们的核心身份中——一种被认为根本上有缺陷的自我。

当我们能娴熟地逃避和否认时，对付羞耻就更加困难了。羞耻的体验越强烈，我们就越迫使自己对他人甚至自己隐藏这些方面，宁愿把它埋没在意识之外。

哪怕治愈羞耻面临着所有这些艰难险阻，容易感到羞耻的人也不该放弃希望，可以进行一次变革之旅。变革之旅的第一步是意识到寻求帮助并不羞耻，接下来的一步是公开令人羞耻的事。毕竟从没暴露过的伤口永远不会被治愈。有能力找出羞耻经历的起源是更好地掌握我们人生的第一步，也会帮助我们更理解引发羞耻反应的因素。

被羞耻束缚的人（就像史蒂文）需要学会自我认同——接纳自己是谁，以对别人的尊敬态度来对待自己。当负面的思想旋涡出现时，他们必须学会识别并挑战以羞耻为基础的思维。参与这些纠正性的情绪体验能够帮助提高自尊感、增加价值感和归属感，促进自我接纳，减少对羞耻的不健康反应，比如避让和反击。

在这个治愈过程中，从事辅助性职业的人担任着重要的角色。他们能帮助被羞耻束缚的人明白自己是创伤的受害者而不是发起者。采用精神治疗法的医生和培训师可以协助羞耻受害者接受他们真实的自我，正确认识他们的羞耻感，减少他们的自责倾向，最后使他们的隐蔽面内在化。获得足够好的、有价值的、值得被爱和被接受的感觉，也许是帮助他们转变成最真实的、更快乐的自我的关键。

在康复的旅程中，史蒂文大概受到过这个故事的帮助。一位学者曾受邀做一次演讲。他名望很高，演讲的大厅中挤满了渴望听他演说的人。仪式的主办人介绍之后，学者问听众："你们知道我要讲什么吗?"听众一致回答"不知道"。然而演讲者却因此说他不想给如此无知的人演讲。说着，他走出了会堂。

组织委员会的人追上他，请求他回去做演讲。他回来后，大厅里的人更多了。他再次问听众知不知道他要讲什么。这次听众齐声回答："知道!"而学者却说："这样的话我更没必要做演讲了，因为你们已经知道我要讲什么了。"说着，他又一次离开了。

正当学者上车要离开时，组织委员会的人再次拦住他，劝他回去演讲。他站到台上，面对热切的听众他再次问他们是否知道他要讲什么。这一次，一半听众说不知道，另一半说知道。学者回应说："很好，现在那一半知道的人可以把我要做的演说讲给不知道的那一半人听。"说完后他走了，再也没有回来。

当然，鉴于史蒂文的性格构成，他还有一段路要走，才会有勇气跟上这位学者的脚步。但如果他再有机会做一次演讲，他会努力将开玩笑作为与听众互动的方式之一。过多准备也许会使演讲变得拘谨，使听众觉得枯燥。史蒂文也许在潜意识中意识到了这一点，从而加剧了他的羞耻反应。开玩笑是很好的解压药，也能帮助减轻羞耻反应。

— 18 —

推出门去的东西会从窗户回来

你拥有控制你的思想，而非控制外界事物的权力。认识到这一点，你就会找到力量。

——马可·奥利斯伍斯

未表达的情绪不会消亡。它们只是被活埋，之后还会以更丑恶的方式出现。

——西格蒙德·弗洛伊德

西里尔是一家大型零售企业的副总裁，这家企业是由一位个性顽固的企业家创办的。很遗憾，由于西里尔对老板独裁的领导风格有过敏反应，他与创始人之间的关系非常紧张。西里尔觉得无法忍受恶霸——他的父亲过去就是。他老板的话"我没有病，我让别人生病"触到了他的痛处。

西里尔总是竭尽所能、冷静地面对老板，但是他经常在两人一次又一次不愉快的共事后憋一肚子火回家。为了放松，他会给自己灌一瓶酒。问题在于，西里尔不善于控制酒精的摄入。虽然他在正常情况下会感到很愉快，但是受到他人情绪的影响后，他就会变成一个心胸狭窄的酒鬼。他有很多次咄咄逼人、攻击他人，甚至毁坏财物的举动。他的妻子和孩子还清楚地记得有一次他踢家里的门，第二天表现得若无其事，这是他酗酒后的一个典型特征。当他被问及自己的行为，他就会以"我不记得了"来保护自己。西里尔似乎更愿意发泄，而不是解决困扰他的问题。他不说"我对你很生气"，而是朝别人扔一本书，或在墙上捶出一个洞。

"发泄"是一种冲动而反社会的方式，用来处理与（无意识的）情绪冲突有关的焦虑，常常是消极的。这些人付诸极端行为，来表达他们无法用其他方式表达出的想法和感受。发泄是一种防御机制，他们借此将被压抑或掩藏的情绪以破坏性的方式表现出来，比如乱发脾气，养成酗酒、赌博、强制性滥交等嗜好，或其他寻求关注的行为。发泄的人不从精神上处理未消化的痛苦记忆，而是迫不得已地对自己和他人表现出破坏性——没有真正意识到他们正在做什么和为什么这么做。

把令人苦恼的记忆封存起来或把它们推到门外，既不是解决问题的方法，也不能平息事态，因为这些事很容易"苏醒"。当令人苦恼的记忆被推到意识之外，它们就会以其他方式回来纠缠我们。很有意思的是，发泄的人都不愿意为自己的破坏性行为承担相应的责任。原因之一是，拒绝为自己的罪行承担责任可能会减轻他们内心产生的羞耻感和内疚感。因为这些人没有能力代谢未消化的问题，他们会继续发泄，即使这种行为模式可能会破坏别人的生活。发泄也许能减轻他们因压抑未消化的记忆和感觉而产生的不适，但并不是解决问题的方法，不能创造机会来建立行动中的建设性变革。

发泄行为大多与孩童时期的经历有关。在家长不允许孩子随心所欲的情况下，发脾气就是一种表达不快的发泄方式。自我伤害也是发泄的一种形式，通过身体上的疼痛来表达他们无法在情感上体会到的东西。

发泄也许是能引起父母注意的非常有效的方法，在青春期会变得尤其明显，表现为抽烟、喝酒、吸毒，甚至入店偷窃。所有这些行为模式都应该被视作呼唤帮助，不过随着时间的推移，大多数孩子学会了用更为社会接受、更有建设性的沟通方式来代替那些寻求关注的策略。但是有些人（比如西里尔）即使在成年后，仍继续把源于童年时期对人或处境在情感上的感受（叛逆、蔑视、无助、无望）用行动表现出来。

　　发泄和无理取闹有明显的区别。无理取闹指的是有意识的、故意的不当举止，不是发泄。在大多数情况下，举止恶劣的人清楚地知道他们在做什么、为什么这么做。他们能充分意识到，自己不成熟、不负责任的行为完全在自己的控制能力范围之内。有些做出不当行为的人只是以发泄的方式呈现出自己无意识的、未解决的内心问题，并不知道有更具建设性的解决方法。

　　我们应该怎样对待在处理内心未解决的问题时诉诸发泄的人？有没有可能阻止他们的自毁行为？我们要如何使他们相信，他们正在允许过去的记忆影响自己现在的行动？有没有可能引导这些人为自己的行为负责，让他们拥有属于自己的人生？

　　习惯诉诸发泄的人在成年之前应该学会克制自己，不用伤害自己身体这种极端的方式表达情绪。但仍有时候，移情反应——把无意识、情绪化的情感和感觉从一个人转移到另一个人身上——会让他们退回到童年期的行为模式。有时候，我们所有人都会想起自己的脆弱，体会到如恐惧、悲伤、无助、耻辱等令人不安的情绪。这些令人困扰的感受更激化了人们对发泄的需要。

人们的许多发泄行为来源于他们很久以前经历的危险。发泄的人需要获得一种反思能力，使他们能够处理这些情感，并从一开始就阻止他们付诸行动。他们需要学会不因过去未解决的问题而对现在的人施以报复；他们需要了解自己的移情反应程度有多深，并意识到能够安全而有建设性地表达冲突是成熟发展的重要部分。有建设性地处理冲突的方法包括谈论问题、与培训师或精神治疗师合作，从而更清楚地意识到自身的潜在问题。表达不良情绪的能力是控制冲动、发展和照顾自我的重要部分。

西里尔明显体会到他有反抗任何类型权威人物的需要。期待西里尔服从命令是造成灾难的一个因素。因为他没能掌握合理的方式去表达挫折感，所以他发泄并退回到自毁行为。西里尔从没有学会如何解决艰难的情绪体验。

要帮助像西里尔那样的人，重要的是理解这些反应从何而来。他是正在应对真正的问题，还是陷入了移情反应中？他正在经历的是不是因过去的不安全感所产生的认知扭曲造成的？像西里尔那样满是冲突的行为主要是被无意识的防御心理驱使，而不是正常的逻辑和自我意识。他的行为可能会令人讨厌，但是他也被囚禁在自己内心的焦虑中。如果我们能接受这一点，对待他时就不会太介意他的行为，而更容易保持冷静。像西里尔那样的人是在用发泄来保护自己避开不安的想法和感觉。如果把这点牢记在心，我们或许就可以理解，压制他的抵抗是在浪费时间。向他反馈他的失常行为也许只会增强他的防御性，参与争论是没有意义的。防御只会带来更多的防御，还会成为我们努力传达信息的阻碍。在他自己的抵抗下前进、用他自己的动力来促进改变将会更加有效。

对付西里尔那样的人，最佳开场方式是表现出同理心。不过在这么做的时候，仔细倾听、理解他说些什么也很重要。无论我们从这种互动中获得了什么信息，都应该反馈给他们，这是一个建立密切关系的好方法。探讨他目前的行为与他对未来的期望之间的差距也会很有帮助，这种相互探索会更有可能激励他开始改变。随后，我们可以鼓励他为自己的问题寻找解决方法——让他为所需的任何改变负责。以我的经验，虽然像西里尔这样的人一开始可能会抗拒，但通常也是他们第一个强调自身面临的问题。当西里尔参与尝试解决自己的问题时，也可能被动员去协助开发解决方案。时间长了，他会逐渐懂得要为自己发泄所产生的后果负责。他会知道事情并没有发生在他身上，而是因他而起。

这是一个关于在正确的地方寻找原因的象征性故事。一个妇人走在街上时，看到有人匍匐在地，显然在寻找什么东西。她停下来，问他在做什么。那人回答说他在找丢失的戒指，然后妇人也加入了寻找。过了一会儿他们还是没找到，妇人就问他丢戒指的时候站的确切地点是哪里。令她惊讶的是，那人指了指几米外的地方。妇人说："既然你是在门道那里掉了戒指，我们为什么在这里找？"那人说："因为这里更亮一些。"

— 19 —
同理心的好处

我们以为自己在倾听，但实际上我们很少带着真正的理解和与人产生共鸣的心来倾听。然而这种特殊类型的倾听，据我所知，是能带来改变的最强大的力量之一。

——卡尔·罗杰斯

没有同理心，人类的道德是无法想象的。

——弗兰斯·德·瓦尔

一个通信公司的异地战略会议正在顺利地进行着。几天来，高管们都在专注地筹备最后一场演说。他们面临的挑战是如何找到使公司进入重要转型程序的方法。完成初步的准备工作后，他们所有人都很想知道首席执行官和高管团队会如何接受他们对战略更新的建议。他们会得到正面的回应吗？

一位新加入公司的雇员自告奋勇做开幕演说。她生动地介绍到一半时，首席执行官的手机响了。让大家惊讶的是，他拿起电话走出会议厅30分钟后才回来。在他离场期间，演讲者尽力继续发言，但她明显不确定在老板离席的情况下要如何进行。首席执行官回来后，主持人似乎已经失去了热情，之后的讨论也杂乱无章。对许多人来说，机会就这样错失了。

类似这样的事件以前也发生过，许多人觉得他们的首席执行官对他人的需求反应迟钝。不过他也因对下属缺乏同理心付出了惨痛的代价。战略会议的失败，使公司预期的转型进程再也未能启动。不久之后，由于缺乏战略灵敏性，该公司的市场份额急剧下滑，股价下跌，引起了主要股东的反感，首席执行官最终被解雇。随后，高管团队的大部分成员被替换，几百名雇员被解雇。显然，是否关注他人的想法和意图是公司成败与否的分界线。

不过，什么是同理心？它来源于希腊单词"em"和"pathos"，字面意是"进入感受"。同理心指的是我们对他人的感觉产生共鸣的能力——通过想象来分享另一个人的情绪体验。有种富有创意的说法把同理心概括成"你的痛，在我心里"。与他人产生共鸣时，我们就完全置身于他人当下的情绪之中，就能理解为什么这个人会这么做。用日常表达来说，就是我们能够透过他人的眼睛看待事物。同理心还与我们理解他人说了什么或没说什么，做了或者没做什么的能力有关。我们有同感时，接受和处理信息的能力会增强。同理心是成功的人际关系的重要组成部分，因为它帮助我们理解他人的看法、需求和意图。不过由于同理心常常包含一些猜测，我们永远无法完全理解另一个人的感受。然而我们仍然可以凭借对他人的了解，尽力去想象他人的感受。

同理心是情商的重要部分。情商是一种能力，让我们能够识别自己的情感、理解情感的含义、领会情感如何影响我们周围的人。情商还是每种人际关系的核心组成部分，是人际关系有效性的基石。同理心帮助我们理解在与他人交流时的非语言元素，让我们能够更有效地协作和寻找解决方案。

"同理心"一词经常与"同情"或"怜悯"交换使用，

但它们的意思不同。同情指的是对另一个人遭遇的困苦感到怜悯和悲伤，而同理心的含义是设身处地为他人着想，理解他们的感受。表达同情时，我们知晓另一个人的情感困苦；我们怜悯他们，但未必体会得到他们的感受。有了同情心，我们会为他人着想；有了同理心，我们能感他人所感。

没有同理心，人类的道德就难以想象。那么，我们怎样发展同理心？同理心是如何产生的呢？我们正确读懂和回应他人情感的大部分能力源自童年时期——我们从父母和其他看护人那里学到的东西。最有可能的是，同理心最初是一种改善孕产妇保健的进化发展机制。关注后代需求的母亲更有可能培育成功的后代。

同理心也可能存在神经学成分。同理心的化学传播受控于一组让我们感觉良好的神经递质——内啡肽、多巴胺、血清素和催产素。尤其是催产素似乎发挥了重要的作用，因为它是人们在社交互动时释放出来的。催产素帮助我们更加了解他人的痛苦。

从商业角度来看，同理心也有许多好处。它可以被视为执行工具包里的一个软工具，有助于产生切实稳固的结果。通常，有同理心的人是更好的领导者和追随者。关心他人幸福的做法看似简单，却能在人际关系中产生互惠感。而且，同理心也会换来同理心。

有同理心的领导者更能理解周围人的需求。他们更善于管理人际关系、与他人建立联系，更容易建立信任、创造更安全的工作环境。同理心还能促进合作，也就难怪有同理心的人更擅长团队工作。在有同理心的组织里工作有减压效果。这样的组织能形成更忠诚的员工队伍和更强大的动力来实现公司目标。

尽管同理心有这么多好处，许多（常常是成功的）高管却极其缺乏同理心。这种情况有各种各样的原因，许多与他们特定的性格构成有关。前几章里描述的以自我为中心和自恋的人很难设身处地地为他人着想。另一些高管甚至有反社会的特质——他们把他人视作商品。他们表现出一副真诚的样子，但实际上他们的行为只是装点门面。任何形式的自我专注都会毁灭同理心，所以这种类型的人感到难以维持亲近而坚定的人际关系和友谊。在我们日益以网络为导向的社会中，缺乏同理心要付出高昂的代价。

要获得同理心，我们必须学会如何从外部看待自己，如何从内心看待他人，而做这些的第一步是了解自己。我们需要识别和接受自己的感受。首先，我们必须学会如何做好的倾听者（包括倾听自己）。虽然这听上去非常简单，实则不然。在这个数字时代，我们极易因许多干扰分心，不成为一心多用的人也难。要做到真正有同理心，我们需要在与他人打交道时全身心投入。这意味着他人在身边时，我们不查电子邮件、不看手表、不接电话。我们需要全神贯注地留意周围，特别是他人的行为和表达。为了获得这种敏锐感，我们需要对他人表现出真正的兴趣。

保持非主观的态度是发展同理心的另一个挑战。弄清我们的感觉会如何影响我们的看法并不容易，然而判断他人对错却非常容易。我们必须注意，不要忽视他人的顾虑，不要打断他人的谈话，不要急于发表意见。引用莫里哀的话："想要谴责别人之前，我们应该花很长时间反省自己。"

挑战我们自己先入为主的观念意味着积极倾听他人的意见，以确保我们能理解，也意味着转变成非语言的交流方式。人们经常用这种方式传达自己的想法和感受，即使与他们用语言交流表达的内容完全不同。

在自恋的时代，同理心是不是越来越少了？我们是不是生活在同理心不足的环境中？这很难说。尽管我们生活在连接越来越紧密的世界，但是合作和沟通比以往任何时候都重要。我们这个世界之所以麻木又冷酷，是因为缺乏想象力而无法意识到他人的经历。如果每个人都有真正的移情能力，世界将会变得更美好。

当然，同理心可能会被看得很荒谬，就像这个小故事所表现的。一位智者被要求做一件复杂案子的仲裁人。两方中的一方用很长的独白阐述了对方的恶劣行为。智者在仔细地倾听和思考后说："你是对的。"然后轮到另一方讲。他也情绪激昂地讲述了第一个人多么错误。智者思考了一会儿说："你是对的。"

这时，一位目击者站起来说："等一下，他们两人的意见完全不同，怎么可能都对？"智者回答道："你也是对的。"

这下每个人都被激怒了。那两个人站起来对智者说："你是对的。我们两人要自己解决这个问题。"

— 20 —

你是数字成瘾症
（D. A. D）患者吗？

我们无法在一瞬间摆脱一生的习惯。

——圣雄甘地

任何一种成瘾都是恶习，无论是对酒精、吗啡还
是理想主义。

——卡尔·荣格

我不是在询问你和你父亲的关系，我是在谈论数字成瘾症。最近我办了个研讨会，有一位参与者（我叫她安妮）总是规律性地离场。我猜想她膀胱不好或者胃部不适，不过后来发现她患上了数字成瘾症。以外行人的说法，数字成瘾症就是无法停止看电脑、手机或平板电脑。这场独特

的研讨会需要思考，参与者不准使用电子设备，但是安妮身不由己，没法等到休息的时候。她觉得必须查看和回复收到的任何消息。

在与安妮的交谈中，我知道她把大量时间花在社交网络、在线游戏、线上投标网站上，她还看 Youtube 视频上瘾。我问她为什么花那么多时间在互联网上，这个高度紧张的人严肃地回答说，"连接感"让她放松。就是那时，我明白她得了数字成瘾症。她对于电子媒体的过度使用已经无法控制，严重地妨碍了她的日常生活。从症状上看，数字成瘾症类似于冲动控制障碍和强迫症。

最新版的精神病学权威著作《精神疾病诊断与统计手册》（*The Diagnostic and Statistical Manual of Mental Disorders*）还未将数字成瘾症列为精神疾病。虽然数字成瘾症在社会上很普遍，但是作为一种不确定的现象出现，我们仍然需要对它进行大量的研究。研究甚至还无法确定数字成瘾症本身是一种疾病还是其他潜在疾病的症状。但是不管我们怎么命名它，数字成瘾症表现为一种强迫性的行为模式，完全管控上瘾者的生活。

由于数字成瘾症正在成为一种严重的健康威胁，现在是时候将这种疾病视为一种独立而明显的行为成瘾障碍了。比如美国和欧洲的调查显示，数字成瘾症的患病率惊人地占总人口数的 1.5% ~ 8.2%。远东地区的估值甚至更高，30%或以上的人在互联网使用上存在问题。[①]（鉴于目前为止还没有测算这种成瘾的标准，百分比存在巨大的变量差异。）我应该说明，高强度地使用互联网并不意味着你对它上瘾或患上了数字成瘾症。只有当它开始严重地影响到你日常生活中的健康功能，它才真正成为一种障碍。人们似乎沉迷于逃避现实，就像他们对酒精和毒品上瘾一样。

健康功能是以平衡为前提的。在强迫症状态下，数字成瘾与食物、酒精或其他毒品成瘾很相似。所有的上瘾都会影响大脑——脑细胞之间的连接、大脑里控制关注力的区域、执行功能和情绪处理。成瘾物质刺激多巴胺的释放，多巴胺继而引起暂时的兴奋，致使上瘾者产生依赖。发生这种情况的一个原因可能是上瘾者的多巴胺和血清素水平比普通人群低。我们可以假定，数字成瘾的人大脑某些区域的多巴胺受体比较少，或有其他类型的多巴胺机能损伤。

---

① http://online. liebertpub. com/doi/abs/10. 1089/cyber. 2014. 0317? journalCode = cyber

因此，他们很难在大多数人觉得有益的活动中体验到正常的愉悦感。为了增加愉悦感，这些有数字成瘾症倾向的人会去寻求高于平均参与度的数字活动，由此刺激多巴胺更多地释放。这样做有效地给了他们更多回报，却造成了一种依赖状态。

哪种人更容易成瘾？数字成瘾症的症状又是什么？

承受巨大的压力或患有焦虑和抑郁都可能是促进成瘾形成的因素。患有数字成瘾症的人也容易受到其他成瘾的伤害，比如酒精、毒品、性或赌博。有人际关系问题的人发展成互联网成瘾的风险似乎也更大。他们通过网络关系来振奋精神、逃避问题。耗费在网络关系上的时间是以牺牲与生活中真人相处的时间为代价的。与虚拟幻想世界的联系取代了现实生活中的复杂又丰富的人际关系。有些成瘾者甚至会构建秘密的生活，创造替代性的在线人物角色，试图以此掩饰不受欢迎的线上行为。如果阻止他们接触数字活动，这些成瘾者中有许多人（安妮就是个很好的例子）就会变得焦躁不安、喜怒无常、焦虑、抑郁或易怒。另一组数字表明，成瘾症患者可能还会出现身体不适的症状，比如消化问题、头痛、饮食失调、肥胖、背痛、个人卫生差、腕管综合征、颈痛、睡眠障碍、干眼症和其他视觉问题。有意思的是，当被问及互联网的使用时，数字成瘾症患者们都隐瞒他们的用网程度。但是，当他们需要和陌生人联系时，他们可以忽视家庭义务、破坏社交生活、错失重要的工作、教育和就业机会。

不幸的是，与大部分成瘾一样，治疗数字成瘾症也是一场艰苦的斗争。治疗不会很简单，因为我们大多数人每天必须在一定程度，甚至很大程度上使用互联网。因此，数字成瘾症就与食物成瘾差不多，不可能立刻停止。治疗过程涉及学习健康的饮食模式和创建更好的平衡。而且，不像恢复中的酗酒者必须一生戒酒，在当今世界，完全戒除数字并不是一个可行的选择。数字脱瘾治疗是一个艰难的挑战。

有些专业人士提出药物可能对治疗数字成瘾症有效。他们辩称，如果你有这种倾向，你也很可能患有焦虑和抑郁症。从精神药理学的观点来看，使用抗焦虑或抗抑郁的药物是一种有希望的治疗方法；从心理学的观点来看，认知行为疗法往往是治疗的一种选择。数字成瘾症患者可以学会用更有效的想法和更健康的行为模式来代替具有破坏性的想法和行为模式。正念减压训练和团体心理治疗也被证实有效。互助小组（弥补社会支援的缺失）、与家庭问题有关的多种形式的家庭疗法都可能会非常成功。另一些专业人士提出多模式的治疗方法，即同时实施几种不同形式的治疗，包括药理学、个人和团体心理治疗、家庭咨询。

可悲的是，有些人对互联网的全身心投入已经成为他们生活的组织原则。但重要的是要认清数字成瘾症是一个警报信号：它表达了一种特殊的、需要理解的痛苦。只有理解数字成瘾者痛苦的本质，我们才能帮助到他们。离线是对理智的考验，断线也许才是真正的连接方式。

这是一个关于指导数字成瘾者的故事。一位高管来找他的指导师并对她说："我的生活很痛苦。我不仅要应付我的妻子、三个孩子、岳母，还要应付互联网。每天我都从脸书和领英上收到几百封电子邮件和通知，我快疯了。"指导师问他是否使用 WhatsApp，他回答"没有"后指导师又说："为什么不装一个在你的常备软件里？"那位高管对这样意外的回应很吃惊，不过因为他非常着急，就按她的建议做了。一周后，他回去见指导师。"我的生活一点也没好转，"他说，"事实上，用了 WhatsApp 后更差了。别人发给我没意义的信息都泛滥了。""哦，天啊，"指导师说，"为什么不再装个推特？那也许会有用。"但是一周后，高管斥责指导师，清楚地告诉她那也没让情况好转。"用 Instagram。"她建议。又过了一周，高管以更痛苦的样子出现了。他对指导师大吼，说他快被电子邮件、博客、推文、视频剪辑、图片和其他信息淹没了。他没有时间留给家庭，也没有时间会见朋友，睡眠也不足，已经接近精神崩溃了。这一次指导师说："你把所有的软件都删除，看看会发生什么。"高管采用了她的建议。过了几天他回来说："我的生活太美妙了，我从没过得如此平静。"

— 21 —
接受你的阴影面

导致人失败的原因只有一个，就是对真正的自己
缺乏信心。

——威廉姆·詹姆斯

每个人都有一个影子，它在一个人的意识生活中
呈现得越少，就越会变得黑暗、稠密。它会不惜一切地
形成无法察觉到的潜在障碍，阻挠我们最善良的意图。

——卡尔·荣格

在我的一个关于领导力精神动力学的研讨会上，我认
识了一位名叫蒂娜的高级银行工作者。我从与蒂娜的交谈
中得知，她正处于人生的十字路口，尽管她没有意识到她
有好几条可以选择的路。她对工作兴味索然，工作成了例

行公事，耗费着她的精力。她已经记不清上一次觉得快乐是在什么时候。有段时间，她一直问自己是不是该辞职。但是辞职说起来容易做起来难。她的同事和老板会对她有什么想法？毕竟她成功地运作着公司的首要操作平台。而且她的经济来源怎么办？她能承担辞职的后果吗？

我们的谈话开启了一个思考的过程，提出了更多的问题，而这些问题也更深入、更有启迪性。如果她所做的只是回应别人的期望怎么办？从事银行工作是她家族的传统。她的父亲是一位银行家，爷爷也是。

蒂娜曾是一个令父母骄傲的女孩，她是学校里的优等生、常春藤联盟大学的明星学生、世界顶级商学院之一的工商管理硕士。她嫁给了一位父母都认可的男人，过上了传统的银行业者的生活。现在，45 岁的她想知道她所有的努力是否都值得。她的所有选择实际上是因为家人的期望而做出的假选择吗？更可怕的是在人生的这个点上，她还有其他选择吗？

蒂娜还怀疑她混乱的思想状态与她最小的孩子刚去上大学、家里突然变得非常安静这件事有关。她的丈夫又全神贯注于自己的追求，对她毫无帮助。

然后就是她那些令人不安的梦。她总是梦见在陌生的地方迷路。另一个离奇梦境的主题是她得不到想要的东西。这些梦让蒂娜感到焦虑和沮丧。在一些梦中，她几乎认不出自己；在一些梦中，她完全按照自己的意愿行事，而且做得很努力；还有一些梦有着令她困扰的性意象。

这些梦似乎来自她隐藏起来的那部分自我——她觉得很难协调的那部分个性。她的梦会不会在试图告诉她日常生活中她不想听到的事？不过有一点很清楚：这些梦，连同她对自己人生选择和经历的深刻质疑，都使她怀疑自己是否在做真正想做的事。到目前为止，她的生活方式有没有促使她有所作为？这一切值得吗？

蒂娜开始越来越质疑她作为职业女性、妻子和母亲的身份。她能否放弃在其他人面前的完美形象而只做自己？她记得在青少年时曾非常关注人们希望她做什么或成为怎样的人。或许是时候重新审视这些问题了，她该诚实地看看自己想做什么，而不是其他人期望她做什么。

蒂娜的自我质疑不仅使她感到困惑，也让她为没有做出自主选择而深感懊悔。迷茫中的她正在质疑她生活中的一切。她是否有延迟的身份认同危机？

许多著名的心理学家都曾讨论过身份问题。例如卡尔·荣格提出了人格阴暗面的概念，指出这个阴暗面是我们不知道的、黑暗的一面。黑暗一方面是因为它主要由原始的、消极的、在社会上或宗教上被轻视的人类情感所构成，比如性欲、争权夺势、自私、贪婪、嫉妒和愤怒；另一方面也因为它把我们害怕和拒绝承认的一切都人格化了。除非我们对自己的黑暗面妥协，否则我们注定在不知不觉中成为它的受害者。在某种程度上，蒂娜黑暗的一面可以看作她未曾过上的生活，因为她顺从了父母和其他人的期望和心愿。但是在现阶段的生活中，她是否还能接受或强化这一部分的自我？

精神分析学家艾里克·埃里克森引入了身份认同危机的理念。埃里克森认为，建立认同感是我们整个人生旅途中面临的最重要的挑战之一。在他的发展计划中，青春期（人类生命周期中的核心参考点之一）与对发展变化的高度敏感性有关。那段时期的各种身体变化，比如性和肌肉的发育、认知结构的变化，使我们幼年时期的自我成长起来。青春期是一个非常骚动又困惑的时期。只有当（作为青少年的）我们探索并致力于人生目标的显著方面时，我们的身份才会稳定下来。埃里克森也提出，身份的形成具有黑暗和消极的一面。我们身上的某些部分引人注目但令人不安，所以我们倾向于把它们隐藏起来。在成为成年人的过程中，我们不仅内化了被认为可以接受的事物，还下意识地内化了父母（和社会）对我们不良品质和特征的看法。但是这些不受欢迎的特征变成了禁果。然而为了更有真实感，我们也许不得不把这些禁果整合到我们的人格结构中去。

另一位著名的精神分析学家和儿科医生唐纳德·温尼科特详细阐述了"真实"和"虚假"的理念。温尼科特解释说，从婴儿期起，我们所有人在回应对自身安康可感知到的威胁时都会形成一种防御结构，这种结构可能会演变成虚假自我。他提出，如果我们的基本需求没有得到认可——没有得到父母的反馈——我们也许会认为它们不重要。遵从父母的意愿可能会压抑自己的愿望，无法实现我们真正喜欢的事。我们也许认为不顺从会危及我们在家庭中的地位。而且我们还会通过自己的成就，将父母自命不凡的梦想内在化。有时候我们甚至会去做不可能的任务，完成他们过去做不了的事。但是这种对他人意愿的顺从是一种以压制我们自身需求为代价的情感谎言。我们在努力取悦他人时，隐藏并否定了真实的自我，这反而会导致自我疏离。如果那样，虚假的自我就会占上风，成为一件防御盔甲，困住并隐藏真实的自我。

如果真实自我和虚假自我之间差别太大，就会产生一种脆弱的身份认同感。如果无法得到稳定的身份认同感，也许终有一天会崩溃，就像蒂娜那样。她正在经历着埃里克森所说的延迟的身份认同危机。到了人生中的某个时期，她就很难继续这个谎言了。

蒂娜的案例说明，人们在青春期对身份探索的旅程并没有止步于此。在她的案例中，她的真实自我和虚假自我的紧张关系在面对新的挑战和体验时达到顶峰，使她在人生早期经历的困惑再次出现。没有充实而完整的人生、没有与她自己的其他部分融合、内心的阴影面或消极的身份认同都令她心力交瘁，无法做出满足自身真实需求的人生选择。

弗洛伊德把蒂娜的这种经历描述成"被压抑的回归"，它不应被认为是完全消极的。虽然蒂娜可能把她的这些方面视作未过上的生活的表现，但她延迟的身份认同危机中也蕴含着心理重建的种子——在生活中找寻人生新方向的动力。给她的阴影加上一些传奇色彩——接受她身上没有生命力的那部分，学会读懂她阴影面里包含的信息——会带她进入到更深层的意识，点燃她的想象力。她那些被掩埋的渴望提出了这样的问题："我是谁？""我想要成为谁？"

在蒂娜的案例中，有关领导力精神动力学的研讨会创造了一个会带来改变的转折点。可能导致自我怜悯的负面旋涡转化成相反的结果。她开始了解自己早年的生活经历；她的自我探索让她对当前的内心状态和至今的人生旅途有了更深的认识；她意识到这个过程不仅有个人的阶段，也有更多公共的阶段。她在日记本中记录下梦境，并写下想到的关联；她写信给过去和未来的自己。她告诉丈夫自己的梦以及这些梦所唤起的情感，他们一起谈论她的挫折感和焦虑感。她的丈夫也开始和她一起分享他的梦。当他们谈到共同的未来，包括资产状况时，他们的谈话最终有了实质性的转变。蒂娜感到安心又充满活力，她仔细审视自己的工作职责，找到了她可以做出改变的方法，使银行和她自己都能受益。她甚至在饭桌上就政治问题与父亲发生了争执，令她吃惊的是，父亲似乎尊重她的看法。

　　蒂娜驱除了一些负面的内心经历。那些自由联想和反思的时刻引导她与生命中重要的人进行了有意义的交谈。她感到她从阻碍认识自己完整潜力的镣铐中解脱了。她不加评判地接受了对自己的认识。在这个过程中，她与自己的阴暗面和解，建立了真实自我和虚假自我间所需的友好关系。她明白她才刚开始一场迷人的冒险，她饶有兴趣地想要继续探索蕴藏在自己内心这个未知世界的财富。

　　我将用一个关于认真对待自身阴暗面必要性的禅宗故事来结束本章。一老一少两个和尚在去往一个遥远寺庙的旅途中。长途跋涉后，他们来到水流快速流淌的河岸边，看到一位非常美丽的年轻女子正在哭泣。他们问她遇到了什么事，她说要去探望住在河对岸的母亲，但是水流太急，她过不去。老和尚毫不犹豫地背着女子过了河。两个和尚在河对岸告别了女子，继续他们的旅程。一开始，年轻的和尚非常安静，然后他再也控制不住自己，脱口而出："作为出家人，我们不是不允许接触妇女吗？你怎么能把那位女子背在身上？"老和尚回答："我只是把她背到河的另一边，而你似乎仍然背着她。"

— 22 —
超越标准的培训

我们不仅要对我们做的事情负责，还要对我们不做的事情负责。

——莫里哀

头脑不是一个要填满的容器，而是一束要点燃的火焰。

——普鲁塔克

我发现自己越来越受到高管培训界的人威胁，读他们的简历使我对自己的能力感到不安。根据这些培训师的描述，他们的能力都那么强，我怎样才能达到他们声称已经到达的那种超级高度？我是否能够（引述）"挖掘客户隐藏的潜力……提供给他们自我满足感，让他们获得成长型思维"？我是否也能"使客户学得更深入，改进他们的表现，从个人和职业两方面提高他们的生活质量"？我是否有深奥的学问，能够向他们提出真正有挑战性的问题？我是否有足够的耐心让他们想出答案？

显然，许多这样宣传自己专业水平的培训师都深信他们能做到这些。为支持自己的主张，他们让客户来验证自己有多出色。根据客户的说法，如果没有培训师，他们永远不会像现在这么成功。培训师帮助他们发挥出了最大的潜能；培训师的介入改变了他们的人生，使他们成为杰出的领导者。

高管培训的崇高承诺

在大量涌现出的高管培训师中，存在着一种更加高级的培训师类型：大师培训师。大师培训师将自己与普通培训师区分开来。他们"总是密切留意着客户不想看到的东西，倾听客户不想听到的声音"。他们是客户的早期预警系统，帮助客户实现自我，将客户带到他们觉得自己永远不可能到达的地方。

这些资质超常的大师培训师的自我描述对我的自信产生了更大的负面影响。我开始问自己：我有没有那种资质？我能否达到这些"大师"的高度？我需要做些什么才能加入他们的队伍？

根据一些大师培训师的网站，达到这种高端状态的一个重要条件就像个会计游戏，需要 2500～10000 小时（14个月整）的直接培训经验。真的吗？大师培训课程提供多种形式的监管和其他服务，能帮助你达到目标。这些数据让我对这些课程中质量和数量的相对重要性表示非常怀疑。这场数字游戏中有无用输入和无用输出存在的倾向。

成为大师培训师的另一个要求是定期进行"自我培训"。根据其中一些大师的说法，自我培训有助于"净化人格"，会"让你的灵魂得以呈现并被看到"。这是什么意思？我对高管培训的时常抨击是不是多管闲事？

当然，作为大师培训师的好处是你会得到"出色的培训结果，有更多乐趣，更加满足"。你也会赚到更多的钱，经济利益明显地提示你，你是凤毛麟角中的一员。

如果当大师培训师还不够高端，那么"最可信顾问"就是一个更加精挑细选的群体。根据这个标题字面的意思，这些天赋超乎寻常的人在理解客户的"潜在需求，而不仅仅是他们想要的"这方面非常出色。与普通高管培训师相比，最可信顾问"具有不同寻常的倾听能力"，能够"提供有深度和广度的知识，提出极好的问题，提供深刻的见解，整合他们发现的任何信息"。而且他们"可靠、可信、风度翩翩、热情、真实，知道如何建立情感连接"。他们还为客户提供"回音""支持""反射""激发"等功能。在赢得客户"坚定不移的信任"后，他们是诚实的经纪人，将客户的利益置于自己的利益之上。

我必须承认，我不理解那种能够明显区分高管培训师、大师培训师和最可信顾问在技能上的微妙差异。归根结底，这些所谓独一无二的技能似乎仍然是培训师的基本功能——给客户诚实的支持，帮助他们认清自己的方向，不过知道如何"激发"客户的愿景或许会更有优势。人们会这么想，似乎是因为这些培训师显然与他们的客户建立了长久的关系。简单来说，他们是培训界的男超人和女超人。

显然，高管培训师、大师培训师、最可信顾问都设计了复杂的培训框架来帮助他们打好这一仗。他们严重地依赖首字母缩略词，有时候我真想知道到底是为什么。

例如有些大师培训师在变革性工作中使用 FUEL 模型：意思是他们为对话搭建框架（**F**rame），理解（**U**nderstand）当前的状态，探索（**E**xplore）期望的状态，制定（**L**ay out）成功的计划。更好的甚至还会利用 **GROW** 模型：目标（**G**oal）、当前的现实（**C**urrent **R**eality）、选择（**O**ptions）、前进的意愿（**W**ill）或方法（**W**ay）。还设有三个 **P** 模型：看法（**P**erspectives）——他们如何将培训师和客户的两个世界结合起来；目的（**P**urpose）——培训经验里最需要的东西；过程（**P**rocess）——培训师和客户应该怎样一起工作来取得成果。除此之外，还有字面上缺少含义的 **STEPPPA** 模型：S 代表主题（**S**ubject），T 代表目标（**T**arget），E 代表情感（**E**motion），P 代表看法（**P**erception）、计划（**P**lan）、节奏（**P**ace），A 代表行动（**A**ct）。这些只是一部分例子，他们还有许多其他变革性培训的首字母缩略词。

超越标准的培训

培训师和培训模型的这些分类令我不适。在我看来，它们就像市场细分阴谋，用来欺骗容易上当的人。这些描述中有很多都只是严重依赖心理学术语和表达的心理呓语，诉诸这种语言的人往往很少或没有受过真正的心理学训练。作为一名领导力精神分析学家和临床教授，在我漫长的经历中，指导人类行为的心理动力学还远不够完整。人类行为不适合被分门别类。这些首字母缩略词虽然在视觉和言语上更容易识别，但混淆了人类动力学中的细微差别。它们只是一种时髦，所代表的过于简化的模型让人无法理解在培训师与客户的互动中真正发生的事。

我还相信，培训行业夸大它所能提供的东西对其自身是没有任何好处的。与培训项目字面上的炒作正相反，改变行为并不是一个容易、快速、直线的过程，神奇的治疗法是不存在的。正如所有精神病学家、心理分析学家或临床心理学家所说的，改变行为是一项艰难的工作。进行这种努力时会遇到许多挫折。在大多数干预措施下，它总是前进两步又后退一步。高管培训师、大师培训师、最信任顾问做出的夸张承诺带来了非常不切实际的期望。

许多培训师和培训课程做出的承诺仅仅是一套令人质疑的推销言辞。我坚信，他们在广告中缺乏的真实性会使目前未受监管的培训职业贬值。现在正是揭穿当前所谓高管培训激增背后浅薄套路的时候。在这种情况下，我们需要更丰富的框架来定义培训师能够做的工作，以及评估培训干预质量的方法。

美国法学家小奥利弗·温德尔·霍姆斯曾说："被新的经验拉伸过的思想永远不会回到它过去的大小。"培训作为改变和学习的语言起着重要的作用，然而重要的是保持理智，不把培训也转化成高管的另一种时尚。

这些所谓大师培训师所做的大肆宣传让我想起莫里哀的戏剧《贵人迷》。该剧讽刺地刻画出了自命不凡的茹尔丹先生。他是一名布料商的儿子，煞费苦心地想要超越他的中产阶级背景。他希望被视为贵族，却在努力学习那些适合绅士的行为时闹出了很多笑话。

他雇佣了一些人来帮助他却反被利用，这些人中有嘲讽他的音乐、舞蹈、哲学老师，还有利用他的自负的贫穷贵族。在一个著名的场景里，茹尔丹先生的哲学老师告诉他自己一生都在"说散文"，而茹尔丹先生把这视为天生的贵族技巧的体现。

茹尔丹先生：那么当我说"尼科尔，把我的拖鞋拿来，把我的睡帽递给我"时，这就是散文？

哲学教师：是的，先生。

茹尔丹先生：天哪，你知道吗？原来我说了四十多年的散文，自己还一点不知道！您今天把这个告诉了我，我对您真是万分感激。

我之所以会如此强烈地想起莫里哀戏剧里的这个著名场景，是因为我的强烈心愿——希望这些大师培训师和最可信顾问也能说散文，而不是心理呓语，并且不再剥削他们的客户。

— 23 —

白马王子和白雪公主怎么了？

这个伟大的问题从没有人回答过，我也回答不了，尽管我研究了三十年女性的灵魂。这个问题就是：女人想要什么？

——西格蒙德·弗洛伊德

两种人格的相遇犹如两种化学物质的接触：一旦发生反应，双方都会被改变。

——卡尔·荣格

不得不承认，我们的内心深处都被童话故事所吸引。我们喜欢王子或公主得到爱情的故事，《灰姑娘》和《睡美人》那样的故事是我们集体无意识的重要部分。全世界有成百上千万人守在电视机前观看哈里王子和梅根·马克尔

的婚礼，这个事实证明了这类故事的经久不衰。一个支持
女权主义的混血美国离异女子兼肥皂剧演员嫁入了世界上
最传统的王室，这样的事毕竟不会每天发生。很难否认，
这场婚姻的华丽盛况满足了我们最大的期待。但是就像在
所有的童话故事里，我们的下一个愿望就是他们能永远幸
福地生活下去。不过可能性有多大呢？主流媒体和社会媒
体都津津有味地报道，除了新娘的母亲，其他每个家族成
员都缺席。人们带着愤世嫉俗和想要一探究竟的心态关注
着新娘的父亲，并给两个家庭统统贴上"不正常"的标签，
这些都给他们能否从此过上幸福生活打上了问号。

　　不管新娘家庭成员的缺席是出于何种原因，这场盛大
的婚礼再次说明了伴侣的选择是个难解之谜。真正开启一
段关系的是什么？让两个截然不同的人走到一起需要怎样
的化学反应？伴侣关系常常呈现出一个难以理解而异想天
开的过程，超越了理性、进化规律、文化压力，甚至我们
自知的意愿。是什么促使我们选择一个人而不是另一个人？
乔治·伯纳德·萧的"爱情就是极度夸大一个人同其他人
的区别"这个说法对吗？

　　在要做出选择的时候，我们能够区分完美主义者（寻

找完美的另一半的人）和易于满足者（寻找足够好的另一半的人）在做法上的不同。但是正如许多人从惨痛教训中认识到的那样，理想配偶的概念只是个幻觉，现实很少能达到最初的预期。使情况更混乱的是，这出剧里的表演者也许并不清楚促进一段成功的关系需要哪些因素。对于个人和社会，理想伴侣和实际伴侣的不匹配是一个代价高昂且压力巨大的主题。如果离婚率是个信号，那么有太多人都选择了错误的伴侣。即使在没有离婚的人群中，也有很多人在维系着令他们不愉快的婚姻关系。没有多少人花时间去思考他们在伴侣身上寻找的品质；还有些人在相信那句"希望战胜经验"的名言，一次又一次地重复同样的错误。

伴侣选择是在我开办的高管课程中反复出现的问题。由于我从整体上为管理和职业问题定位（这显示出私人生活与公共生活的相互关联性，特别是当参与我课程的人处于中年期时），糟糕的伴侣关系经常成为讨论的话题。参与者谈到他们的伴侣时抱怨满腹，一些比较典型的包括不被欣赏、受到过多控制、缺少亲密感、伴侣中的一方有轻浮的行为、经营家庭的过程缺乏公正、失礼而令人厌恶的邂逅。

当我问那些参与者当初为什么会选择进入这段婚姻关系时，他们都无言以对，没办法马上给出答案。最终，我得到了一些能够预料到的回答：害怕孤独终老（社会压力迫使他们做出了仓促的决定）、不停运转的生物钟（对女性而言）或自尊心低下、不敢追求更合适的伴侣（这从一开始就创造了一种扭曲的选择过程，让失败成为自我应验的预言）。在进一步的探究中，有些人甚至发现他们选择伴侣是受到不完整感的驱使。他们做出选择时带有自己都未必能意识到的期望，指望伴侣会使他们变得完整；另一些人似乎使事情变得更复杂了，他们把伴侣看作一个项目，希望能"修复"或"拯救"自己。

从进化的角度来说，对生育的迫切需求促使人们选择伴侣，男性寻找育龄妇女，女性寻找保护者和能够给她们和自己的孩子提供良好照顾的人。当然，这一主张未免太过简单了。除了生育，还有许多其他可变因素也进入到伴侣选择的方程式，这些可变因素也许会随着时间改变：我们20多岁时在伴侣身上寻求的东西可能与我们30多岁、40多岁或50多岁时的大不相同。

可以预见，当我催促课程参与者思考他们的择偶标准时，他们会提到外表的吸引力。不过在经过考虑后，许多其他可变因素会涌现出来，比如收入潜力、抱负、善良、才智，虽然男性和女性对这些因素的衡量方式不同。然而必须承认，在选择的过程中存在着大量的感官因素。显然除了外表吸引之外，许多人最终会因为相似性和亲近度成为伴侣。在正确的时间出现在正确的地方也起着重要的作用。接触和熟悉我们花时间与之相处的人对建立感情有很大的影响。

依恋行为

但要理解所有形式的伴侣选择，我们需要对依恋行为的精神动力学有基本的了解。约翰·鲍尔比因开创了这个课题而得名，他提到了安全基础的概念。比如他曾说："在我们依恋对象所提供的安全感中，生活被组织成一系列或长或短的旅行。而我们所有人，从摇篮到坟墓，最快乐的就是置身于这些旅程中。"[1] 研究显示，我们能辨别三种类

---

[1]　鲍尔比（1988）

型的依恋模式：安全、焦虑和回避。安全依恋是这三者中最具适应性的。在寻找伴侣时，虽然相似性和互补性会在选择过程中充当认知和情感的标准，但是潜在的驱动力却似乎是在寻找依恋安全感———一种创造安全基础的着陆点。

成长中会产生大量无意识的印记。正如许多研究所显示的，特别是在面部和身体特征方面，女朋友会与母亲相匹配，男朋友会与父亲相匹配。[①] 而且对一位家长情感上的亲近似乎会增加我们的伴侣像那位家长的可能性，我们非常容易无意识地被某个方面像我们父母的伴侣所吸引。此外对于复杂的情况，我们可能会进行平行处理，在另一个人身上寻找我们父母缺少的东西以及我们希望他们对待自己的方式。

由于我们深切渴望修复曾经出现问题的亲子关系，也许会在无意中将伴侣当作处理童年之时未竟之事的舞台。尽管我们会有意识地确保不再重复父母的错误，但是无意识破坏的危险仍然一直存在。试图纠正童年时的错误往往会适得其反，导致重复与我们父母相同的行为模式。这些无意识的动态或许解释了错误伴侣的吸引力。选择错误的

[①]　https：//link. springer. com/article/10. 1007/s12144-000-1015-7

伴侣也许非常令人兴奋，这一事实刺激了这种不正常的选择过程：我们知道这是错误的选择，但是我们从中得到了神经质的刺激。由于害怕亲密关系，有些错误的选择也可以理解为一种避免承诺的方式。更糟糕的是，做出神经质选择可能会带来一些乐趣。这种继发获益可能促使人们扮演殉道者的角色来获得同情。

游戏规则

要超越这些过于常见的神经质关系，我想强调，有效的伴侣关系能够为个人成长提供很好的机会。伴随成熟的两性关系而来的是需要学习的经验教训和发展的可能性，不过最重要的问题当然是我们是否想要与一个人成为伴侣。

回顾我从倾听客户的话语中所学到的，较成功的两性关系的不同之处在于参与其中的人有更强的承诺能力。配偶的双方都足够现实，寻找的不是完美的另一半。相反他们更为随和，适应能力也更强。他们能容忍一些不完美，不坚持理想化的期望。当然，要做到这些需要一定的情绪成熟度。这意味着有能力协商彼此的自恋需要，知道如何将彼此用作情感容器。这种成熟的依赖特性意味着双方在为彼此创造空间的同时，也能够表达他们的需求感受。

进一步促使伴侣关系令人满意的因素是两人共同面对既存现实的能力，其中最重要的一个现实就是衰老。具有良好的幽默感会很有帮助，因为在应对日常生活的起伏时，幽默是一种非常有效的缓冲器。可以预见的是，如果伴侣已经深刻内化了成功夫妻的例子，将会更容易建立如此令人满意的关系。

我想通过一些具体的伴侣生存规则来结束本章——这些规则甚至对最近的那对童话夫妇也有帮助。首先，在任何关系中，我们都应该意识到容易导致我们误入歧途的性欲的诱惑。一见钟情时，性欲起着重要的作用。当我们发现自己正在经历这种过山车似的情绪，应该保持足够清醒的头脑去思考我们过去的感情正在怎样影响着我们现在的感情。我知道在一见钟情的影响下，说起来容易做起来难。就像费德里科·加西亚·洛尔卡说的："欲火焚身而保持沉默是我们能够带给自己的最大的惩罚。"其次，如果已经决定要开始伴侣关系，定下这条规则：双方都应该能够建设性地表达烦恼。重要的是强调积极的一面而不拘泥于消极的那面。而且在伴侣关系中，把另一方看作一个改造项目也不是个好想法。"改造"伴侣永远是一场艰苦的斗争，不过如果我们相信有可能改变，那就理智地从小事着手。

思考我们想从另一方身上得到的理想品质是很重要的。仔细考虑吸引我们的人是否具有我们寻求的品质，无论是智慧、热情、善良、诚实还是值得信赖。我们可以问问自己：当我们和伴侣在一起时能否保持自我？如果考虑一起生活，双方是否都能接受彼此好的、坏的、丑陋的一面？遇到艰难的情况时，我们的伴侣能否坚定不移？最后这一项同等重要：我们是否能一起参与有意义的活动？能做到这些的人似乎能拥有最持久的伴侣关系。说了这么多，我只希望新的萨塞克斯公爵和公爵夫人已经把这些婚约规则牢记于心，能够永远幸福地生活在一起。

作家欧·亨利曾写过一则著名且非常令人心酸的故事《麦琪的礼物》，呈现了一段完美的伴侣关系。圣诞节时，一对年轻的夫妇想给对方买一件礼物，但是他们没有多余的钱。不过妻子有一头美丽的长发，她决定卖掉头发，用换来的钱为丈夫的手表买一条金表链。丈夫回到家，看到她剪去的头发时突然愣住了。妻子解释说，她卖掉了头发为他买了礼物。丈夫也递给她一件礼物，是一套美丽的发梳。然后妻子给了丈夫那条她用卖头发换来的钱买的表链。丈夫说，他为了买发梳已经把表卖了。

— 24 —

为什么智慧是教不会的

聪明人的智慧在头脑里；傻瓜的智慧在口舌上。

——伊凡·帕宁

要享有健康的身体、带给家人真正的快乐、带给世人和平，首先要约束并控制自己的心智。如果人能控制自己的心智，就能找到开悟之道，所有的智慧与美德也会自然来临。

——释迦牟尼

成为公司首席执行官的第二天，大卫做了一个梦。他梦见自己走在一片沙滩上，发现了一个瓶子。他打开瓶塞，里面蹦出一个妖怪。妖怪对大卫说，作为放她出来的回报，他可以许一个心愿。大卫很清楚他想要什么——不是财富、名望或者长寿，而是能够帮助他做好新职位的东西。现在他要对许多人的人生负责，不禁对自己能否成功地管理一个正处于混乱时期的组织而心存疑虑。所以大卫请求被赐予智慧，让他能以最好的方式引导他的员工。

这个梦听起来很熟悉，它基本上就是所罗门王的梦，一个蕴含强烈道德成分的永恒的梦。在《旧约》中，上帝（不是妖怪）出现在所罗门王面前，说他可以许愿任何东西。所罗门希望拥有"一颗有辨识力的心"，上帝对他的回答非常满意，将智慧和财富都赐给了他。

这两个故事的寓意是，虽然所罗门和大卫都是掌权者，但他们并没有被权力冲昏头脑。他们努力保持谦卑，为自己的缺乏经验而感到困惑，觉得自己对胜任工作没有做好充分的准备。

当我还是哈佛商学院的学生时，我必须阅读查尔斯·格莱格教授的经典著作。在《因为智慧无法传授》一文中，格莱格对案例教学法的优点大加赞赏，他强调单纯给学生讲授一门课无法确保他们记住所讲的内容。不过格莱格不是第一个争论这个问题的人，医疗行业早就知道这一点，他们总是把案例教学法或战争故事用作一种方法，让未来的医生了解最新的情况，并帮助他们做出明智的诊断。千年以前，苏格拉底也有过相同的观点，他说："我不能教任何人任何东西，我只能使他们思考。"遗憾的是，虽然智慧需要教育，但教育未必能使人聪明。正如格莱格在他的文章中说的，仅仅是倾听博学的陈述和明智的忠告，其作用是有限的，那未必通向智慧。那么，有没有促进智慧转化的方法？要解决这个问题，我们首先要思考什么是智慧。

什么是智慧？

古往今来，哲学家、心理学家、宗教领袖、诗人、小说家、从事服务职业的人都努力思考过什么是智慧。智慧似乎很难下定义，不过通常我们遇到它时都认得它。有些人把智慧等同于智力和知识，但是我们往往都知道智力和智慧是大不相同的东西。世界上有很多不太聪明却才华横溢的人，他们没有表现出智慧，并不真正理解事物的本质，不过他们拥有理智。相反，有智慧的人不仅试图领悟他已知事物的更深层含义，还希望更好地理解自己的知识的局限性。

知道事物与知道如何利用所知道的事物之间有很大的

差异。智慧指的不仅仅是能够用逻辑的方式处理信息。只有在我们能够吸收并运用知识做出正确的（明智的）决定时，它才转化为智慧。俗话说，知识是倾诉，智慧是倾听。有智慧的人有幸拥有良好的判断力以及诚挚且真实的品质，诚挚意味着愿意说出你的本意，真实指的是做真正的自己。

智慧的人（比如所罗门王）也是谦卑的。他们的谦卑源于认识自我知识局限的意愿，接受自己有永远不会知道的事物。但是他们在接受自己无知的同时，也做了更好的准备去承担他们的错误。智慧的人知道他们什么时候所做的事是有道理的，什么时候做得不够好。讽刺的是，正是这种自知之明促使他们为此做些什么。

从概念上说，智慧可以从认知和情感两方面来看。在认知上，智慧的人能顾全大局，从多角度正确地理解和看待事物（避免单纯的黑白思维），而不拘泥于自己的个人观点。在情感上，智慧的人会反思、自省并且容忍模棱两可；知道如何管理负面情绪，而不是成为这种情绪的囚徒；拥有同理心和同情心，令他们在人际关系中与众不同。

具有讽刺意义的是，智慧之所以比成功和财富更重要，是因为它能使我们生活得更好。从多方面来说，智慧和幸福是一对关系密切的表兄弟。智慧似乎是延长寿命的积极预测器。当我们的精神和身体健康与信念和价值观相一致时，它们就能蓬勃发展。正如圣雄甘地曾说过的："快乐就是你所想的、所说的和所做的和谐一致。"智慧的人懂得什么是有意义的生活，也知道怎样计划和管理这样的生活，这意味着自我调和、行为与价值一致，是一场需要自我探索、自我认识和自我负责的旅行。

智慧无法传授

那么我们怎样才能获得智慧这一如此令人期待的东西？我们能加速实现它吗？只有通过我们自己的经历（特别是逆境），才能发现我们个人的聪慧程度，并学会如何在生活中创造智慧。成为有智慧的人是一种个人追求，没有其他人能为我们承担或免除。它包括学习如何处理我们人生旅途中遇到的重大不幸和困境。

智慧的人指出，智慧存在于最混乱、最痛苦的地方，死亡、疾病、衰老、挫折都是人生最好的老师。虽然听上去很痛苦，但挫折是难忘的成长经历，有助于更深刻地理解人生的悲欢离合。克服困难的情况有助于增加对生活的感激，并识别出新的可能性。也正是这些经历使我们能够超越自己的看法——走出自我并看到事物真正的样子，而不是我们认为的样子。① 正如弗里德里希·尼采说的："那些没能杀死我的，使我更强大。"

遗憾的是，智慧不是随着年纪自然而来的东西。虽然（与年轻的人相比）年长的人也许更有能力正确地看待事物，但是很多人从没有好好利用过自己的人生经历。要学会反思也许需要他人的帮助。在这方面，教育工作者、培训师、精神分析学家、精神疗法医生和导师会发挥重要的作用。毕竟能够明察秋毫、做出公正的判断和评估是使这些干预成功的必要条件。

我深信，愿意提供指导的人不应仅仅传播知识，也应帮助别人通过挑战性的经历寻找智慧——协助他们做出更好的人生选择。即使我们无法传授智慧，我们也应该能够创造得到智慧的基础。这意味着鼓励他们在情绪认知、情绪自我调节、人际关系技巧和正念力上付出努力。教育工

---

① 尼彩这句名言德语原文：Was mich nicht umbringt, macht mich stärker! ——tötzen-Oämmerung §8《偶像的黄昏》

作者和从事辅助性职业的人需要创造一些经历，使那些想要继续个人发展的人能够识别并理解那条连接他们生活中的精神、身体、情绪、心灵、心理和社会结构的线。他们能够引导这些人战胜内心的魔鬼，这可能会导致他们在开始努力的时候陷入困境。

有些具体的步骤可以用来加快这个进程。例如我在与高管共事时发现，建立一个学习社群，令参与者都有机会讲述自己的故事具有宣泄效果，也有助于智慧的形成。虽然结构化的书面案例研究（如格莱格所倡导的）可能会有所帮助，但是对学习社群中讲述者的案例研究具有更显著的情感影响（我在第10章中提到过）。讲述和倾听一个人的故事可能成为更深入地埋解自己和他人的起点。如果有人愿意经历这个过程，那会帮助他们成为更好的倾听者、学会听见没有说出口的话。

可以鼓励体验小组的参与者扮演魔鬼的代言人，这个角色对于考虑他人不同观点的能力至关重要。学习社群是一个实践开放思想的良好环境，相互交流有助于更深刻地理解和接受事物模棱两可的性质，寻求智慧的人也会进一步意识到自己知识的局限性——这是追求智慧过程中重要的领悟。如果用全面的方式来设计这些经历，学习社群里的成员就能够把知识和经历结合在一起，逐渐变得更善于应对生活带给他们的挑战。

学习社群的成员有一个基本要素是鼓励参与者尝试新的事物，寻找新奇的事物会令人大开眼界。如果小组能够建立安全的过渡空间，人们就更容易走出他们的舒适区。作为小组的一部分，成员们学习与截然不同的人打交道，否则他们永远也不会和这些人有来往，这将成为一次非常有价值的经历；整个小组施加的压力可能也会改变一些参与者特有的、不正常的行为模式。这些小组经历都会是很好的谦卑训练。

因为生活案例研究的焦点是挑战，小组参与者会认识到每个人都容易犯错误。小组成员之间的互动会鼓励他们从错误中学习，这也许能帮助他们三思而后行——成为真正会思考的领导者。最后，在这种类型的经验学习环境中，参与者更容易卸下他们的面具，更真实地活出他们的价值。他们在更了解自己的局限性后，可能会意识到他们在寻求自我认知方面需要进一步的帮助。他们可能会向有智慧的导师寻求指导，为他们的人生旅途提供额外的支持。

遗憾的是，在我们过度活跃的数字时代，获取智慧正成为一个更大的挑战。越来越难以找到时间和精神空间来建立有意义的关系，参与深入的谈话和思考，发展情感意识、同理心和同情心。在创造思考空间时，多重任务会带来巨大的挑战。平板电脑、手机以及不断引起我们及时关注的所有应用程序都无法与追求智慧共存。在这个狂躁的生态系统中，成为学习社群的一员将变得更有价值，因为智慧在安静的地方成长。

我将以一个学习社群中发生的事作为例证来结束本章。一位有抱负的领导者问一名项目协调员，她在这些年里学到了什么，是什么难以置信的事造就了她。她回答说自己一直在寻找心灵的平静。为此，她大量读书，周游各地，参观了许多充满奇异风情的地方，邂逅了诸多非凡的建筑奇迹，领略了伟大的权力展示。她还与许多名人互动，聆听名师的话语，并阅读了许多他们的作品。不过尽管她做了那么多，她仍然觉得，没有什么比安静地坐在小溪边，望着流水，欣赏日出和日落的美更能带给她心灵的平静。正如她为参与者们指出的，真正的生活通常由非常简单的事物组成。

— 25 —
接下来做什么?

我们应该赋予生活意义，而不是等待生活给我们意义。

——佚名

活着就是受苦，受苦是为了在苦难中找到意义。

—— 弗里德里希·尼采

德里克是成功高管中的模范人物。高中时他是优秀生，毫不费力地进入了一所常春藤名校。他在大学里遇到了未来的太太，毕业后不久他们就结了婚。随后，德里克得到了一家一流战略咨询公司副主管的职位。在那里工作了几年后，他决定去一所很著名的商校读工商管理硕士。经济独立对他来说很重要，所以获得学位后，他加入了华尔街的一家主要的投资银行。德里克凭借在并购方面的天赋，在创纪录的时间内成为合伙人。在工作节节高升的同时，他还成了一位有三个女儿的自豪的父亲。

德里克一直很专注，不管是对工作还是对家庭。他把做一位优秀的物质提供者、给家庭好的生活看作人生的主要目标，即使他没有明确地说出来过。然而当小女儿离开家去上大学后，事情变了。房子突然变得空荡荡的，生活也发生了不同的转变。他为空虚感和无目的感所困扰，他想知道过去的自信和目的感都去哪儿了。他的内心深处感到生活没有意义。随着孩子们的长大，有活力且有意义的全职育儿时代结束了。回顾人生，他意识到自己没有好好珍惜与孩子们在一起的时光，但这也无济于事。工作占据了他太多的时间，他甚至觉得与妻子也疏远了。总的来说，在完成了作为父亲的使命后，德里克发现自己失去了目标，随波逐流。

人类生存的根源

就像德里克，我们中有很多人都在人生后期的意义这个问题中挣扎。过去，我们的孩子也许是关注焦点，但是当他们离开家的时候，夫妻二人必须重新审视他们的生活，包括他们的婚姻。他们不会总是喜欢他们所看到的。难怪到了 50 多岁会出现离婚高峰①。

1897 年，保罗·高更完成了他的画作《我们从哪里来？我们是什么？我们要到哪里去？》。从高更的信中我们知道，这幅画运用了塔希提岛神话中的主题，表现出他对出生、生命、死亡的冥思。这幅画涉及了关于人类生存根源的基本问题及其意义。高更在极度悲伤的时期创作了这幅画，他认为这是自己的杰作。

在这个背景下，作家费奥多·陀思妥耶夫斯基的评论值得思考："人生的秘密不仅仅是活着，更在于找到活着的目的。"换言之，生命的目的就是有目的的生命。许多研究显示，拥有一个目标对我们的精神健康有益。如果我们知道我们为什么在这里，如果我们有存在的理由，如果我们有目标，我们会感到人际关系更好，也更有活力。

我们中大部分人都（自觉地或有意识地）有过一些时

---

① https://www.aarp.org/home－family/friends－family/info－05－2012/life-after-divorce.html

刻，觉得需要解释自身存在的原因。我们需要回答一些基本的问题：我是谁？我为什么在这里？生命是什么？我的人生意义是什么？我们甚至意识到，回避这些有关存在的问题会使人生肤浅而空虚。

过得好的人生

从进化的角度来看，这些问题的答案很明显：生命的根本目的是生命的延续。生存与繁衍的生物学程序承担了复杂生命循环的责任，死亡是其中重要的平衡器。人类生存背后的最初动力是把基因传给下一代，承担这个进化任务带来了意义。但是这个任务完成后，关于存在的问题出现了：接下来做什么？

我们可以争辩说，这个问题在如今这个时代比以往任何时候都更困扰着我们。感谢医学的进步，我们的寿命更长了，不像太平洋的三文鱼，逆流而上去产卵，之后立刻死去。正如德里克的例子说明的，人类的生命远没有那么简单。预期寿命的延长扩大了我们的存在真空期，人类凭借想象力在努力地创造新的意义。我们可以做些什么来避免像德里克那样经历意外的不适？德里克又能做些什么使自己感觉好一些呢？

亚里士多德在《尼各马可伦理学》中论证，为了得到最安康的生活，我们需要分辨快乐和幸福。快乐与主观需要有关，这种需要的满足带来片刻的愉悦。相反，幸福更加客观，它与美好的生活有关。亚里士多德认为幸福不仅仅包括短暂的愉悦。我们的人生从实现我们的潜能——过有价值的生活中获得意义。

寻找意义

如前文所说，除了生物进化的生存目的，意义是很重要的。意义指的是理解我们是谁、我们怎样适应这个世界。

过去，人们在宗教中找到意义和安慰，但是随着当代社会中宗教作用的减弱，我们很难再从宗教中为存在这个困惑找到答案。可是这并不意味着我们应该避免质疑存在的意义。

精神病学家，也是大屠杀的幸存者维克多·弗兰克从自己在集中营的经历中观察到，最有可能存活下来的人不是身体最健壮的人，比身体健康更重要的是信念体系的力量。弗兰克注意到，一旦囚犯失去对未来的希望就注定会死。寻找意义的能力支撑着那些幸存的人。在他的《追求意义的意志》一书中，弗兰克认为生命本身是没有意义的，除非我们主动创造存在的价值。通过意义，我们能够实现自身潜能；通过意义，我们能够成为最好的自己。因此，除了受到生理需求的驱使，我们人生的主要驱动力不仅是对生育的意愿，还是对自觉有意义的东西的发现和追求。

人生的伟大目标与许多心理结果有关，包括更积极的人生观、更大的幸福、更多的满足、更强的自尊，似乎也与我们的心理状态和免疫系统对抗病毒的能力有关。人生的使命感会充当抵御负面健康结果的缓冲区，特别是在我们上了年纪后。比如从日常生活中获得目标和意义并朝着特定目标努力的人，年老后的身体机能可能表现得更好。由于他们极为忙碌和专注地参与有意义的活动，因此也相应地会找到更多生存的理由。

现在，德里克正体验着深深的失落感，这使他容易抑郁、高度焦虑，也更容易滥用药物。他陷入了因家庭生活变化而引发的身份认同危机（见第 20 章），这种变化使他排除在意识之外很多年的想法、恐惧和情感全都浮出了水面。

有迹象表明，除非他调整好自己的思想状态，否则他也许还会面对婚姻危机；除非他做出一些改变，在日常生活的无意义感和寻找意义的渴望之间，调整他已有的和期望的经历；除非他的所思、所言、所为都能和谐一致，否则德里克就会停滞不前。

做些什么？

理解了这些后，我们要怎样应对德里克的困境？存在主义危机会渗透到人生的方方面面，并以许多不同的方式表现出来，包括意义的丧失、与亲近的人之间的强烈隔阂感、绝望感、惧怕生存。对有些人来说，像高更那样的一连串疑问可能导致抑郁反应，令人有自杀的念头，甚至自杀的企图。从存在的观点来看，德里克的抑郁反应使他更加意识到自己终将死亡的命运，但同时也使他面临挑战，突破强加于自身的束缚。德里克需要明白，他不仅是遗传和环境的产物，他也拥有为自己的人生做出决定和承担责任的能力。

既然孩子们都已经离开了家，德里克需要重新发现生活的价值和目标。他最好思考过去、现在和未来，主动寻找能够激活内在自我的东西。毕竟如果他不知道自己是谁，他永远也不会知道什么属于自己。展望未来，他需要专注于自己所钟爱的事物。从长远来看，他需要为可以使自己真正感到有活力的事增长知识和技能；他应该学会通过创造愉快的经历和时光来平衡快乐和幸福。

如果我们要过上充实而富裕的生活，我们只能面对德里克正在克服的、令人不适的存在问题。人生不是玫瑰园，对存在主义危机最有效的回应是建立关怀关系，寻求有同理心的倾听者，着手于有意义的追求，不管多么微小。我们需要珍惜人生简单的快乐：在大自然中漫步，欣赏日落，读一本书，进行一次愉快的交谈，有爱人的陪伴，看着自己的孩子长大。

这是一个禅宗故事，说明接受令人不适的真相是如何真正带来平静的。从前，有个云游僧人正在找过夜的地方。天快黑了，他停在一座壮观的农家宅子前，问主人能否让他留宿。农夫按照习俗欢迎他，把他当作尊贵的客人来招待。第二天早上僧人准备离开的时候，农夫问他能否给他们家祝福，并拿出一个卷轴让僧人写下来。僧人想了一会儿，在卷轴上写下"父亡，儿亡，孙亡"后就走了。农夫读了僧人所写的东西后又气又恼，他追上僧人大叫道："我请你赐福，你却给了我诅咒！"僧人说："如果你想要，我可以重写祝福。但是你确定吗？这就是万物的自然规律。我不知道事情还会是怎样的，我觉得这就是祝福。"

— 26 —

墓志铭问题

我知道如果我等待的时间足够长，这样的事就会发生。

——乔治·伯纳德·萧

墓志铭里最罕见的品质是真实。

——亨利·大卫·梭罗

据说本杰明·富兰克林说过："我每天早上九点醒来后，抓起早报，先看讣告页。如果我的名字不在上面，我就起床。"我们要如何看待这个幽默而又黑暗的评论？从更深层次来看，它也许表明了富兰克林希望被记住的方式。他也许一直在问自己，他的讣告会是怎么样的，人们会从正面还是负面记住他。

说到讣告，据说阿尔弗雷德·诺贝尔在看到一份法国报纸谣传他的死讯后，决定创立他那著名的诺贝尔奖。那则死讯把他在法国访问期间去世的兄弟误认为是他，文章的标题是"死亡商人之死。"

我们都知道诺贝尔奖，但是我们也许不知道诺贝尔的财富来源于炸药的发明。对诺贝尔来说，那则墓志铭严厉地提醒了他将如何在历史上走下坡路，难怪他很恐惧。墓志铭的严酷促使他为自己正名：不久之后，他改变了遗嘱，将大部分财产捐赠给了诺贝尔奖基金会。如今，他一直被人们记得，不是作为死亡商人，而是作为和平与进步的倡导者。

那么，你希望怎样被人们记住？你希望自己的墓志铭是什么？关于我们遗留之物的思考会影响着我们人生的轨道，也会有意识或无意识地影响着我们的人生选择。

墓志铭是悼念死者或对过去的事件的纪念性陈述，通常被刻在墓碑上或被作为葬礼致辞朗读。

最近，当我走过一片墓地的时候，我被许多墓志铭的朴实所打动："安息"，"记忆长存，永驻于心"，"永远同在"，"幸福长寿的人生"。真正令人难忘的墓志铭很少见，我没有看到任何能与那些著名的墓志铭媲美的，比如"在此"（杰克·莱蒙）；"请原谅我的离去"（多萝西·帕克）；"我曾告诉你我病了"（斯派克·米利根）；"曲终，旋律犹在"（欧文·伯林）以及"她尽力了"（贝蒂·戴维斯）。

在人生早期，我们不太可能想到墓志铭，考虑想要哪种讣告或墓志铭是我们上了年纪后常常做的事。我们开始意识到活在身后人心中的重要性。

根据我的经验，墓志铭问题是一种非常有启发性的方法，可以从长远的角度看待你的生活并放大最重要的事。它促使你思考自己想要成为怎样的人。通过被迫关注这些重大的问题，你也许会更清楚地知道什么是你生命中真正重要的东西。

多年以来，作为我经营的各种领导力发展课程的一部分，我问了许多高管他们希望自己的墓志铭是什么，这也许是以终为始的终极训练。我问他们想在自己的墓碑上看到什么，他们希望通过什么让别人记住他们。牢记这一点，这些问题说明了他们的生活中可能缺少的东西。

不出所料，所有高管都开始努力寻找这些问题的答案。然而过了不久他们就想出来了，我收到的回答中包括这些：

257

• 我想要作为优秀的父母、体贴的丈夫/妻子、友爱的兄弟/姐妹或朋友而被铭记。

• 我想要人们说，我对他们的人生产生了积极的影响——我是他们灵感的源泉。

• 我想要被人们铭记，是因为我曾为那些无法为自己站出来的人挺身而出。

• 我想要作为尽情享受生活——把每一天都当作新经历的人而被铭记。

• 我想要因为幽默感、让别人笑、让他们感到开心而被铭记。

• 我想要人们记住，我是一个按照自己的准则生活的人，一个敢于冒险的人，一个能够走自己的路的人。

• 我想要被视为以对他人的同情心、爱心和抱负推动领导素质和成功的人。

• 我希望能在自己的领域推动知识的进步，作为一个有创造力和想象力的人而被铭记。

• 我想要因我的造诣和成就而被铭记，不论在工作上还是在我的社群里。

很明显，从这些评语中可以看出，我们不愿因为赚了多少钱、有多少珠宝、房子有多大或开什么样的车而被铭记，我们希望因为给别人的生活创造了不同而被铭记。我们为他人所做的才是真正不朽的遗产。引述阿尔伯特·爱因斯坦的话："只有为别人而活的人生才是值得的人生。"高管们最好记住这句话。

要获得适合的墓志铭，你需要做最好的自己，这也意味着使别人的生活变得不同。现在就思考你想要得到的墓志铭（正如阿尔弗雷德·诺贝尔所做的），这会驱使你在人生中做出彻底的改变。你的时间有限，所以不要再过没有意义的生活，去过值得铭记的生活。

这是一个我很多年前听到的故事。一位老人快死了，他叫来所有的朋友和家庭成员来与自己告别，其中有很多人他已多年未见。他对每个人都说了善言并告诉他们，他爱他们，他原谅他们，他理解了为什么事情会变成那样，他能平静地面对一切了。所有来访者也都对他说了善言，向他告别。

这一切正在进行的时候，有一个认识这位垂死老人多年的人站起来说："我们都是傻瓜。我们几年前就可以对你说所有这些话了，可为什么我们没那么做？"他转身对垂死的老人说："为什么你把这些美好的感情压抑这么久？为什么不在人生最辉煌的时候把它们表达出来？"

"我本该这么做，"老人说，"不过我很高兴，现在说也不算太晚。"然后他平静地死去了。

参考书目

鲍尔比，J.（1988），《安全基础》，牛津：劳特利奇出版社，第 39 页

科米，J.（2018），《更高的忠诚度：真相，谎言，领导力》，纽约：福莱特瑞恩出版社

环球研究（2015），《美国财富聚焦：10%最富有的美国人拥有美国 75% 的财富》，http://www.globalresearch.ca/u-s-wealth-concentrationwealthiest-tenth-10-of-americans-own-75-of-america/5461246

凯茨·德·弗里斯，M. F. R.（2012），"明星员工：埋头于谜题的悖论"，《组织动态学》，41：173-182

凯茨·德·弗里斯，M. F. R.（2014），"走向灾祸的精神病患者：对付无礼的高管"，《组织动态学》，43（1）：17-26

凯茨·德·弗里斯，M. F. R.（2017），《乘坐领导力的

过山车：观察者指导》，伦敦：帕尔格雷夫·麦克米伦出版社

门肯，H. L.（爱德）（1942），《新古代与现代历史原则引文词典》，纽约：阿尔弗雷德 A. 科诺夫出版社

米尔格拉姆，S.（1974），《服从权威：实验视角》，纽约：哈珀·普瑞尼尔出版社

皮尤研究中心（2015），《美国中产阶级正在节节败退http://www.pewsocialtrends.org/2015/12/09/the－american－middle－class－is－losingground/

绅士（2016），《美国的愤怒》，http://www.esquire.com/news-politics/a40693/american-rage-nbc-survey/

图字：01-2019-6745 号

First published in English under the title
Down the Rabbit Hole of Leadership; Leadership Pathology in Everyday Life
by Manfred F. R. Kets de Vries
Copyright © Manfred F. R. Kets de Vries, under exclusive license to Springer Nature Switzerland AG,
part of Springer Nature, 2019
This edition has been translated and published under licence from
Springer Nature Switzerland AG.

图书在版编目（CIP）数据

搞砸：病态领导力如何摧毁一个组织／（荷）曼弗雷德·凯茨·德·弗里斯 著；滕加琪
译. —北京：东方出版社，2021.6
（曼弗雷德管理文库）
书名原文：Down the Rabbit Hole of Leadership：Leadership Pathology in Everyday Life
ISBN 978-7-5207-2149-3

Ⅰ.①搞…　Ⅱ.①曼…②滕…　Ⅲ.①领导学　Ⅳ.①C933

中国版本图书馆 CIP 数据核字（2021）第 084298 号

搞砸：病态领导力如何摧毁一个组织
（GAOZA：BINGTAI LINGDAOLI RUHE CUIHUI YI GE ZUZHI）

作　　者：[荷] 曼弗雷德·凯茨·德·弗里斯
译　　者：滕加琪
责任编辑：吕媛媛　徐洪坤　史晓威
责任审校：谷轶波
出　　版：东方出版社
发　　行：人民东方出版传媒有限公司
地　　址：北京市东城区朝阳门内大街 166 号
邮　　编：100010
印　　刷：北京文昌阁彩色印刷有限责任公司
版　　次：2021 年 6 月第 1 版
印　　次：2023 年 10 月第 2 次印刷
开　　本：880 毫米×1230 毫米　1/32
印　　张：9.125
字　　数：113 千字
书　　号：ISBN 978-7-5207-2149-3
定　　价：58.00 元
发行电话：(010) 85924663　85924644　85924641
